Hildegard von Bingen

Über die Liebe

Ausgewählt und
mit einem Nachwort von
Peter Dinzelbacher

dtv
C.H.Beck

2. Auflage 2006

November 2005
Deutscher Taschenbuch Verlag GmbH & Co. KG,
München

Druck und Bindung: Druckerei C.H.Beck, Nördlingen
Umschlagentwurf: Catherine Dixon
Printed in Germany
ISBN 3 423 34245 5

www.dtv.de

Inhalt

Die Liebe Gottes

Gebet um Liebe:

Gott von Ewigkeit

O Gott – Du – von Ewigkeit:
Neige Dich uns zu,
glühe auf in jener Liebe zu uns,
auf daß wir lebendige Glieder werden,
gebildet in gleicher Liebesglut,
aus der Du gezeugt Deinen Sohn
in den Morgenrots Frühe
vor Weltenbeginn.

Schau an unsre Not,
die über uns einbrach –
Nimm sie uns weg
um Deines Sohnes willen –
und geleite uns
in die Freuden des Heils!

(Symphonia 3)

Kosmische Liebe:

Liebe überflutet das All

Liebe
überflutet das All –:
quillend aus tiefsten Gründen,
über die Sternenwelt strömend:
Die Liebe
ist liebend zugetan allem,
da sie den Kuß des Friedens gab
dem Könige, unserem höchsten Herrn.

(Symphonia 9)

Die Liebe Christi:

Denn in der Kraft Seiner Liebe hat der Sohn Gottes Gerechte und Sünder an sich gezogen, und die einen auf die Schultern genommen, weil sie gerecht gelebt hatten, die anderen auf die Knie, weil Er sie vom Weg der Ungerechtigkeit zurückgerufen hatte. Er hat sie zu Teilhabern der himmlischen Bürger gemacht, wie auch der Mensch das, was er trägt, mit Knien und Schultern abstützt. Denn durch das Wissen Seiner Liebe wurde der Mensch mit Leib und Seele zur Fülle des Heiles geführt, obwohl er häufig vom Zustand der rechten Beständigkeit abweicht. Wenn ihn die Gaben des Heiligen Geistes in ihrer reinen, heiligen Fülle von oben überströmen, so unterweisen sie ihn überrreich in den himmlischen und geistlichen Belangen. Auch in den irdischen Dingen erziehen sie ihn, allerdings auf andere Weise, zum Nutzen der leiblichen Bedürfnisse. Trotzdem erkennt er sich in ihnen als schwach, krank und sterblich, obwohl er mit diesen mannigfaltigen Gaben ausgerüstet ist.

Denn die Liebe in den Werken des Gottessohnes hat die Milde des wahren Glaubens offenbart, die alles überstrahlt, als Er aus Zöllnern und Sündern Märtyrer, Bekenner und Büßer erwählte und als Er aus Ungläubigen Gerechte machte, wie aus Saulus Paulus, damit sie über die Flügel der Winde, das heißt in die göttliche Harmonie, flögen. So hat die Liebe ihr Werk allmählich und bestimmt vollendet, so daß keine Schwäche in ihm ist, sondern die ganze Fülle. Das schafft der Mensch nicht, weil er nur eine mäßige Fähigkeit hat, etwas zu tun, und es kaum aushält, bis er es zu Ende bringt, damit es von anderen gesehen wird.

Der Mensch soll das bei sich bedenken: Auch der Vogel, der aus dem Ei schlüpft und noch keine Federn hat, beeilt sich noch nicht zu fliegen; aber wenn er dann Federn bekommen hat, fliegt er dorthin, wo es ihm entsprechend erscheint.

(Liber divinorum operum 1, 10)

Interpretation des Johannisevangeliums und der Erlösungstat des Heilands:

«Dadurch erschien die Liebe Gottes zu uns, daß Gott seinen eingeborenen Sohn in die Welt gesandt hat, damit wir durch ihn leben. Darin besteht die Liebe: Nicht als ob wir Gott geliebt hätten, sondern daß er uns zuerst geliebt und seinen Sohn als Sühne für unsere Sünden gesandt hat»(1 Joh. 4,9–10). Was bedeutet das? Dadurch, daß Gott uns geliebt hat, erstand ein anderes Heil als das, welches wir ursprünglich besaßen, als wir Erben der Unschuld und der Heiligkeit waren. Denn der himmlische Vater zeigte seine Liebe, als wir gefährdet und straffällig waren: er sandte nämlich sein Wort, das allein, vor allen Menschenkindern, von Heiligkeit erfüllt war, in himmlischer Macht in die Finsternis der Welt. Dort vollbrachte das Wort alles Gute; durch seine Milde führte es jene zum Leben zurück, die wegen Sündenbefleckung verworfen waren und nicht zur verlorenen Heiligkeit zurückkehren konnten. Was heißt das? Durch den Lebensquell des Wortes kam nämlich die umarmende Mutterliebe Gottes zu uns; sie nährte unser Leben, hilft uns in Gefahren und leitet uns – als tiefe und zarte (suavissima) Liebe – zur Buße an. Wieso?

Gott gedachte barmherzig seines großen Werkes und seiner kostbaren Perle, nämlich des Menschen, den er aus dem Lehm der Erde gebildet und dem er den Lebensodem eingehaucht hatte. Wieso? Er verlieh ihm (instruxit) Leben durch die Buße, die niemals ihre Wirksamkeit verfehlt, weil die listige Schlange den Menschen durch stolze Einflüsterung täuschte; doch Gott warf ihn durch die Buße, welche die Demut kundtut, zu Boden. Der Teufel kannte und übte sie nicht, denn er verstand es nicht, sich auf den rechten Weg aufzumachen.

Deswegen ging die Erlösungstat der Liebe (salvatio caritatis) nicht von uns aus, weil wir es nicht verstanden und vermochten, Gott zu unserer Rettung zu lieben; vielmehr hat er, als Schöpfer und Herr, sein Volk so geliebt, daß er zu seiner Erlösung seinen Sohn, das Haupt und den Retter der Gläubigen, sandte. Er wusch und reinigte unsere Wunden. Ihm entströmte (sudavit) auch jener erfrischende Quell (dulcissima material), aus dem alle Erlösungsgüter fließen. Darum erkenne auch du, o Mensch, daß keine unselige Veränderlichkeit Gott berührt. Denn der Vater ist Vater, der Sohn ist Sohn und der Heilige Geist ist Heiliger Geist. Diese drei Personen leben nämlich unteilbar in der einen Gottheit.

(Scivias 2, 2, 4)

Eine personifizierte Gotteskraft –
Rede der Liebe des Erlösers:

Die zweite aber erschien ganz wie ein Hyazinth in der Farbe der Himmelsatmosphäre, nämlich sowohl ihre Gestalt als auch ihre Tunika. Und in diese Tunika waren auf unvorstellbare Weise zwei mit Gold und Edelsteinen geschmückte Streifen wundersam eingewebt; so lief über jede Schulter der Gestalt vorne und hinten ein Streifen bis zu ihren Füßen hinab.

Und sie sprach:

Die Worte der Liebe

‹Im Himmel erregte es meinen Unwillen, als Luzifer sich selbst in Haß und Stolz zerbiß. Doch ach, ach, ach, die Demut wollte das nicht dulden. Deshalb erlag er auch einem großen Zusammenbruch. Nach der Erschaffung des Menschen wurde – o, o, o, welch edles Samenkorn, o, o, o, lieblicher Sproß! – der Sohn Gottes am Ende der Zeiten um des Menschen willen als Mensch geboren. Und weil Luzifer begehrte und es versuchte, mein Gewand und meine Unversehrtheit zu zerreißen, deshalb erschien ich als helleuchtender Glanz in Gott und im Menschen. Jetzt aber nennen sich Blinde, Tote, Buhler, Dirnen und Unzüchtige nach mir (aequivocas meas). Doch wie es für Kot unmöglich ist, an den Himmel zu rühren, so ist es auch dieser Gemeinheit nicht möglich, meinen Willen zu tangieren. Ich werde mir deshalb in den anderen Tugenden

Flügel herstellen, mit denen ich all das Verderbliche, welches Luzifer über die Welt verstreut hat, hinter mir lassen will (abiciam). O ihr Tugenden, wo ist Luzifer? In der Hölle ist er. Wir wollen uns also alle erheben und dem wahren Licht nähern: laßt uns in den Provinzen ganz große und starke Türme bauen, damit wir, wenn der längste Tag kommt, reiche Frucht an geistlichen und weltlichen (carnalibus) Dingen einbringen können. Und wenn die Völker vollzählig versammelt sind (plenitudo introierit), dann werden auch wir auf Erden und im Himmel vollendet. O du allerschändlichster Luzifer, was hat dir deine unvermutete Verwegenheit genutzt? In deinem ersten Glanz, als du von Gott erschaffen warst, wolltest du mich wütend und rasend zertreten und vom Himmel herabstürzen; doch du bist in den Abgrund gestürzt und ich blieb im Himmel. Später stieg ich im fleischgewordenen Sohn Gottes zur Erde hernieder. Und durch mich wurde die Schar der Gläubigen mit tausend gerechten und guten Kriegskünsten ausgerüstet, die du ihnen, wenn du könntest, schon längst gar zu gern entrissen hättest. O Demut, die du jene bis zu den Sternen erhebst, die wie Erde zertreten und zerrieben sind; o Demut, du bist die ruhmvollste Königin der Tugendkräfte. Was für ein starker und unüberwindlicher Schutzwall bis du überall für die Deinen! Keiner kommt zu Fall, der dich mit lauterem Herzen liebt. So bin auch ich mit dir eine sehr vorteilhafte und vielersehnte Verteidigung für die Meinen. Denn ich bin sehr zart und fein und mache die noch so kleinen Spalten derer, die mich verehren, ausfindig und schlüpfe ganz genau hindurch.›

(Scivias 3, 8, 1 f)

Insbesondere von der Liebe, ihrem Gewand und was es bezeichnet

Die zweite jedoch bezeichnet die Liebe, weil nach der Demut, in welcher der Gottessohn sich würdigte, Fleisch zu werden, auch die wahre und flammende Leuchte der Liebe in Erscheinung trat, als Gott den Menschen so liebte, daß er aus Liebe zu ihm seinen Eingeborenen zur Fleischwerdung sandte. *Sie erscheint ganz wie ein Hyazinth in der Farbe der Himmelsatmosphäre, sowohl ihre Gestalt als auch ihre Tunika.* Denn der fleischgewordene Gottessohn verlieh durch seine Menschheit den gläubigen und auf Himmlisches bedachten (caelestes) Menschen Glanz, wie ein Gegenstand durch einen aufgesetzten Hyazinth verschönt wird (illustratur). So entflammt er auch sie zur Liebe, damit sie jeglichem bedürftigen Menschen gläubig zu Hilfe kommen, wie auch diese Tugend mit der Tunika der göttlichen Güte (dulcedinis Dei) bekleidet wird. Sie hat die Aufgabe, getreu, wirksam und fruchtbringend (devotione, actu et usu) allen Menschen mit dem rechten Licht zu leuchten.

Deshalb *sind* auch *in diese Tunika auf unvorstellbare Weise zwei mit Gold und Edelsteinen geschmückte Streifen wundersam eingewebt.* Das sind in der göttlichen Güte die beiden Liebesgebote, aus dem guten und hervorragenden Willen wie Gold, und gerechten Taten wie herrliche Edelsteine durch das wunderbare (Gnaden)geschenk des höchsten

Gebers zusammenfügt, so daß *über jede Schulter der Gestalt vorne und hinten ein Streifen bis zu ihren Füßen hinabläuft.* Denn sie trägt in großer Sorgfalt diese beiden Gebote: das eine nämlich gegenüber Gott wie auf der rechten Schulter, und das andere gegenüber dem Nächsten gleichsam auf der linken Schulter, wie geschrieben steht: ‹Du sollst deinen Gott lieben aus einem ganzen Herzen, mit deiner ganzen Seele, aus allen deinen Kräften und mit deinem ganzen Gemüt; und deinen Nächsten wie dich selbst› (Lk 10,27). Das ist so:

So sollst du den Herrn deinen Gott, lieben; er ist nämlich dein Herr wegen seiner Würde (honor), da er die ganze Schöpfung beherrscht; und dein Gott, weil er keinen Anfang besitzt, sondern der Schöpfer aller Dinge ist, damit du um seiner Liebe willen in deinem Herzen alsbald obsiegst und das Fleisch deines Leibes demütigst (prosternas). Das kommt es sehr hart an, weil erst nach der Besiegung des Fleisches dein Geist in dir fortan herrschen wird. Und dann sollst du Gott in deiner Seele so erkennen, daß du seine Gebote bewußt beobachtest und nicht säumst, sie im Werk zu erfüllen (non pigro opere compleas). Und dann werden auf diese Weise alle Kräfte des Leibes und deiner Seele Gott unterworfen. Denn das ist der erste Sieg, der in deinem Leib errungen wurde (facta est), so daß du jetzt unter all diesen angeführten Umständen Gott in deinem Herzen ganz fest ergreifst. Das ist dir ein so starkes Bollwerk gegen die Nachstellungen deiner Feinde, daß seine Stärke kein Feind in den erwähnten Situationen zu durchdringen vermag. Dein Geist soll nämlich dies alles in sich aufnehmen und alles, was du tust, bestärken und festigen. Das sollst du also aus ganzem Herzen, ganzer Seele, mit allen Kräften und deinem ganzen Gemüt tun, so daß dir nichts am Glauben fehle, damit du keiner Sache zustimmst, die Gott widerstrebt, und dich in fremde (Angelegenheiten) einmischst. Du sollst dich vielmehr auf die Süßigkeit seiner Liebe konzentrieren und auch dich selbst lieben. Wie? Wenn du Gott liebst, liebst du dein Heil. Und wie du in all dem dich liebst, so sollst du auch deinen Nächsten lieben. Ein jeder gläubige Mensch ist für dich der Nächste im christlichen Namen und im Glauben. So magst du dich über sein rechts Wohlergehen und die himmlische Erlösung freuen, damit er getreu im Glauben verharre (conservetur), wie auch du über dein Heil frohlockst. Dieses Doppelwerk der Liebe sei im Menschen und senke sich bis zu seinen Füßen hinab; d. h. bis zum Ziel der Vollendung; es erscheint nämlich vorn im göttlichen Gesetz; und hinten offenbar in der Mitwirkung des Menschen. So soll der Mensch auf die Liebe aus sein, damit er nach der Zurückweisung des Todes zur Vollendung des Lebens gelange, wie auch die Liebe oben in ihren Worten kundtut.

(Scivias 3, 8, 19)

Göttliche Offenbarung über die Liebe nach der Bibel:

Aber aus der wahren Liebe, die ganz göttlich ist, kommt auch das Gute, das wertvoller ist als alles, was man ersehnt. Sie sammelt alle, die es suchen, und zieht sie an sich. Die Verdienste, die aus der Sehnsucht nach dem Himmel und aus den geistlichen Stoßseufzern durch göttlichen Antrieb kommen, und ebenso alle Werke des Menschen, die er um Gottes willen vollbracht hat, wägt sie mit richtigem Urteil. So ist auch für alle, die Gott vollkommen lieben, klar, wie Ich durch Meinen Diener Jeremias rede, wenn Ich sage:

Jeremia 17,10: Das Streben des Menschen zu Gott

«Ich, der Herr, erforsche das Herz und prüfe die Nieren, der ich jedem gebe, wie es sein Verhalten verdient, entsprechend der Frucht seiner Taten» (Jer 17, 10). Das ist so zu verstehen: Diejenigen, die Gott lieben, suchen durch keine Falle eines falschen Vorwandes einen anderen als Ihn selbst und wollen kein Geflüster der Begehrlichkeiten des Fleisches mit einem anderen haben. Der Mensch setzt trotzdem häufig seinen Eigenwillen durch, wie auch Adam versuchte, wie weit er gehen könne. Der Mensch aber kann nicht Gott und dem Teufel zugleich dienen (vgl. Mt 6,24), weil der Teufel das haßt, was Gott liebt, und weil Gott das nicht will, was der Teufel liebt. So ist es auch im Menschen, weil das Fleisch sich an Sünden ergötzt und die Seele nach Gerechtigkeit dürstet (vgl. Mt 5,6); und zwischen diesen beiden tobt ein heftiger Kampf, weil der eine Teil dem anderen entgegengesetzt ist (vgl. Röm 8; Gal 5, 16–23). Dennoch aber wird das Werk, das der Mensch beginnt, auf diese Weise mit großer Anstrengung vollendet, so wie auch ein Knecht gezwungen wird, seinem Herrn zu dienen. Denn das Fleisch beginnt die Sünde mit der Seele, die es sich unterworfen hat, und die Seele bewirkt ein gutes Werk mit dem Fleisch, das sich ihr unterwirft.

Wenn aber der Mensch nach der Sehnsucht seiner Seele lebt, verleugnet er sich aus Liebe zu Gott und macht sich zu einem Fremdling bei den Begierden des Fleisches. Das tun die Gerechten und die Heiligen, und auch Abel tat es, der zu Gott aufschaute und beim Vergießen von dessen Blut die ganze Erde erbebte. Sie wurde danach als Witwe bezeichnet, denn sie war durch den Mord Kains ihrer unversehrten Heiligkeit beraubt, wie eine Frau wenn sie Witwe wird, des Trostes ihres Mannes beraubt wird.

Denn auch Ich, der Herr des Alls, prüfe die zerknirschten Herzen, die die Sünden unterlassen, und Ich prüfe die Nieren, die sich vom Geschmack der Begierden enthalten. Ich gebe dem Menschen seinen Sohn entsprechend der Mühe seines Lebenswandels und entsprechend dem, was er bei der Abwägung seiner Gedanken als Frucht hervorbringt (vgl. Mt 16,27 u.a.); denn Ich habe alle Früchte der Menschen eingeschrieben vor Mir. Der Mensch nämlich, der von den Wünschen seiner Begierden abläßt, ist gerecht. Wer aber in seinen Begierden jedem Wunsch folgt, den wird man nicht als gerecht bezeichnen können. Aber trotzdem werden seine Wunden im Blut des Lammes gereinigt, wenn er sich zum Guten bekehrt hat. Dann wird auch das himmlische Heer, wenn es diese geheilt sieht, zu einem wunderbaren Lob Gottes angespornt.

Jeder Mensch also, der Gott fürchtet und liebt, soll sich diesen Worten mit der Hingabe seines Herzens öffnen, und er soll wissen, daß sie zum Heil des Leibes und der Seele der Menschen nicht von einem Menschen verkündet sind, sondern durch Mich, der Ich bin (Ex 3,14).

(Liber divinorum operum 2,45 f)

Visionen von den personifizierten Tugendkräften:

Ich sah auch gleichsam in der Mitte des beschriebenen südlichen Bereiches drei Gestalten. Zwei von ihnen standen in einem ganz klaren Brunnen, der ringsum eingefaßt und oben mit einem runden, durchbohrten Stein geschmückt war, als ob sie in ihm verwurzelt wären, wie Bäume bisweilen im Wasser zu wachsen scheinen. Die eine war von Purpurglanz, die andere von einem strahlend weißen Glanz so umgeben, daß ich sie nicht voll anschauen konnte. Die dritte aber stand außerhalb dieses Brunnens auf dessen Randstein, mit einem leuchtendweißen Gewand bekleidet. Ihr Antlitz leuchtete in solcher Helligkeit, daß diese auf mein Gesicht zurückschlug. Und vor ihnen erschienen die seligen Ordnungen der Heiligen gleich Wolken. Auf sie blickten die Gestalten aufmerksam.

Die Rede der Liebe

Die erste Gestalt sprach: Ich, die Liebe ‹caritas›, bin die Herrlichkeit des lebendigen Gottes. Die Weisheit hat in mir ihr Werk gewirkt, und die Demut, die im lebendigen Quell verwurzelt ist, ist meine Gehilfin, und mit ihr ist der Friede verbunden. Und durch die Klarheit, die ich bin, leuchtet das lebendige Licht der seligen Engel. Denn wie der Strahl durch das Licht leuchtet, so leuchtet diese Klarheit den seligen Engeln. Sie dürfte nicht sein, ohne zu leuchten, wie es ohne Leuchten kein Licht gibt. Ich habe ja den Menschen entworfen, der in Mir gleich einem Schatten verwurzelt war, wie man den Schatten eines jeden Dinges im Wasser erblickt. Daher bin ich auch der lebende Quell, weil alles, was geschaffen ist, wie ein Schatten in Mir war. Nach diesem Schatten ist der Mensch mit Wasser und Feuer gebildet, wie auch ich Feuer und lebendiges Wasser bin. Deshalb hat der Mensch auch in seiner Seele ‹die Fähigkeit›, alles zu ordnen, wie er will.

Jedes Lebewesen hat einen Schatten, und was an ihm lebendig ist, geht in ihm wie der Schatten hierhin und dorthin. Gedanken sind nur im vernunftbegabten Lebewesen, nicht aber in den unvernünftigen Tieren, weil jene nur leben und Sinne haben, mit denen sie erkennen, was sie meiden oder was sie suchen sollen. Nur die Seele, die von Gott eingehaucht ist, ist vernunftbegabt.

Meine Klarheit hat auch die Propheten überschattet, die durch heilige Eingebung Zukünftiges voraussagten, wie in Gott alles, was Er schaffen wollte, Schatten war, bevor es wurde. Die Vernunft aber spricht mit dem Klang; und der Klang ist gleichsam der Gedanke und das Wort gleichsam das Werk ‹verbum quasi opus›. Aus diesem Schatten ist auch die Schrift «Scivias» hervorgegangen durch die Gestaltung einer Frau, die gleichsam ein Schatten von Kraft und Gesundheit war, weil diese Kräfte in ihr nicht wirkten.

Die lebendige Quelle ist also der Geist Gottes, den Er selbst in all Seine Werke verteilt. Von Ihm leben sie, von Ihm haben sie das lebendige Leben, wie auch der Schatten von allem im Wasser erscheint. Und doch gibt es nichts, was deutlich sieht, woher es lebt, sondern es spürt nur das, wodurch es bewegt wird. Und wie das Wasser das fließen läßt, was in ihm ist, so ist auch die Seele der lebendige Geisthauch ‹vivens spiraculum›, der immer im Menschen fließt und ihn durch Wissen, Denken, Sprechen und Wirken gleichsam fließen läßt.

Auch in diesem Schatten hat die Weisheit alles im gleichen Maß zugemessen, damit nicht eines das andere an Gewicht übertrifft und auch nicht eines vom anderen in sein Gegenteil gedrängt werden kann; denn sie überwindet und fesselt alle Bosheit teuflischer Künste, weil sie vor dem Anfang aller Anfänge war und nach deren Ende in ihrer stärksten Kraft bestehen wird, und niemand wird ihr widerstehen können. Denn sie hat niemanden zu Hilfe gerufen und keinen gebraucht, weil sie die Erste und die Letzte war. Von niemanden erhielt sie Antwort, da sie als Erste die Ordnung aller Dinge wirkte. In sich und durch sich selbst begründete sie alles gewissenhaft und gütig. Es wird auch von keinem Feind mehr zerstört werden können, weil sie den Beginn und das Ende ihrer Werke in hervorragender Weise sah. Das alles richtete Sie vollständig ein, so daß auch alles von ihr gelenkt wird.

Sie selbst betrachtete auch ihr Werk, das sie im Schatten des lebendigen Wassers zur richtigen Bestimmung ordnete, indem sie auch durch die eben erwähnte ungebildete Frau gewisse natürliche Kräfte verschiedener Dinge ‹virtutes naturales diversarum rerum› und Schriften über die Verdienste des Lebens ‹scripta vitae meritorum› und ebenso andere tiefe Geheimnisse eröffnete, die diese Frau in wahrer Vision schaute und dadurch sehr geschwächt wurde.

Aber vor all diesen ‹Schriften› hatte die Weisheit die Worte der Propheten und anderer Weisen und ebenso die der Evangelien aus dem lebendigen Quell geschöpft und sie den Jüngern des Gottessohnes anvertraut, damit durch diese die Ströme des lebendigen Wassers über den gesamten Erdkreis ausgegossen wurden, durch die die Menschen wie Fische in ein Netz geleitet (vgl. Mt 4,18–22; Mk 1,16–22) und zur Rettung zurückgeführt werden sollten.
Ein springender Quell des lebendigen Gottes ist besonders die Reinheit. Auch in ihr spiegelt sich Seine Herrlichkeit. In diesem Glanz umfaßt Gott mit großer Liebe alle Dinge, deren Schatten in dem springenden Quell erschienen, bevor Gott ihnen befahl, in ihren Gestalten hervorzugehen.
In mir, der Liebe, hat sich alles gespiegelt. Mein Glanz zeigt die Gestaltung der Dinge, wie der Schatten die Gestalt anzeigt. Und in der Demut, die meine Gehilfin ist, ging auf Anordnung Gottes die Schöpfung hervor. In derselben Demut hat Gott sich zu mir herabgeneigt, um die trockenen Blätter, die abgefallen waren, in der Glückseligkeit emporzuheben, in der Er alles tun kann, was Er will. Weil Er jene aus Erde geformt hatte, hat Er sie daher auch nach dem Fall erlöst.
Denn der Mensch ist vollkommen das Gebilde Gottes ‹pleniter factura Dei›. Er blickt auf zum Himmel und tritt auf die Erde, indem er sie beherrscht; er befiehlt allen Geschöpfen, weil er durch die Seele zur Höhe des Himmels schaut. Deshalb ist er durch sie auch himmlisch, aber durch seinen sichtbaren Leib ist er irdisch. Gott hat so den

Menschen, der in der Tiefe darniederlag, durch die Demut emporgehoben gegen den, der in Verwirrung vom Himmel hinabgeschleudert wurde. Denn da die alte Schlange durch Hochmut die Eintracht der Engel spalten wollte, hielt Gott sie mit Seiner starken Macht fest, damit sie nicht von deren Wut zerrissen wurde.
Satan nämlich, der in der Höhe großes Ansehen hatte, rechnete bei sich, er könne tun, was er wolle und verliere deshalb den Glanz der Sterne nicht. Aber er wollte alles haben, und deshalb verlor er alles, was er hatte, weil er gierig nach allem trachtete.

Das Wirken des Dreieinigen Gottes in Liebe, Demut und Frieden

Wiederum hörte ich vom Himmel eine Stimme, die sprach: Alles, was Gott gewirkt hat, hat Er in Liebe, in Demut und in Frieden vollendet, damit auch der Mensch die Liebe hochschätzt, nach der die Demut strebt und Frieden hält, um nicht mit dem zugrundezugehen, der diese Tugenden sofort bei seinem Entstehen verhöhnte.
Du siehst auch gleichsam in der Mitte des beschriebenen südlichen Bereiches drei Gestalten. Zwei von ihnen stehen in einem ganz klaren Brunnen, der ringsum eingefaßt und oben mit einem runden, durchbohrten Stein geschmückt ist, als ob sie in ihm verwurzelt wären, wie Bäume bisweilen im Wasser zu wachsen scheinen.
Diese sind in der Kraft der glühenden Gerechtigkeit drei Tugenden im Namen der Heiligen Dreifaltigkeit. Von ihnen ist die erste die Liebe ‹caritas›, die zweite die Demut ‹humilitas›, die dritte der Friede ‹pax›. Liebe und Demut

stehen in der reinsten Gottheit, aus der Ströme der Seligkeit fließen. Denn diese beiden Tugenden weisen zur Befreiung und Aufrichtung des in der Tiefe der Sünden darniederliegenden Menschen hin auf den einzigen Sohn Gottes, der auf dem ganzen Erdkreis bekannt gemacht wurde. Als sein Leib, der am Kreuz durchbohrt (vgl. Joh 19,34) und begraben worden war, durch die wunderbare Macht der Gottheit auferstand, zeigte Er damit, daß Er der Stein der Stärke und Ehre ist. Denn alle Wunder, die der Sohn Gottes auf der Erde vollbrachte, führte Er auf die Herrlichkeit Seines Vaters zurück. Diese Tugenden sind nicht von der Gottheit getrennt, wie auch eine Wurzel nicht vom Baum getrennt wird. Denn Gott ist in Seinem Wesen die Liebe und hält in all Seinen Werken und Urteilen an der Demut fest. Die Liebe und die Demut nämlich stiegen mit dem Sohn Gottes zur Erde hernieder und führten Ihn, als Er zum Himmel zurückkehrte, dorthin zurück.

Die eine ist von Purpurglanz, die andere von einem strahlend weißen Glanz so umgeben, daß du sie nicht vollkommen anschauen kannst. Das bedeutet: die Liebe ‹caritas› brennt in himmlischer Liebe ‹amor› wie Purpur, die Demut aber schüttelt den Schmutz der Erde im weißen Glanz der Rechtschaffenheit von sich ab. Wenn es auch für den sterblichen Menschen, solange er im Fleisch lebt, schwierig ist, das in allem nachzuahmen, soll er trotzdem wegen des Lohnes in der Ewigkeit nicht nachlassen, Gott über alles zu lieben und sich in allem zu demütig verhalten.

Daß aber die dritte Gestalt außerhalb des Brunnens auf dessen Randstein steht, bedeutet: Der Friede, der im himmlischen

Bereich bleibt, verteidigt auch die irdischen Angelegenheiten, die außerhalb des himmlischen Bereiches sind. Denn der Sohn Gottes, der wahre Eckstein (Eph 2,20), hat ihn gebracht, als Er die ganze Welt durch Seine Geburt erleuchtete und als Ihn die Engel in ihrem Lobgesang als Gott und Mensch erkannten.

Ihr Antlitz leuchtet in solcher Helligkeit, daß diese auf dein Gesicht zurückschlägt, weil der Friede, der durch den Sohn Gottes erstand, im irdischen Bereich nicht so gehalten werden kann wie im Himmel. Denn während die himmlische Wirklichkeit immer in der Festigkeit der Eintracht steht, wird die irdische in ihrem Schwanken hierhin und dorthin geworfen und ändert sich vielfach. Aber dennoch wird der Mensch, der das Werk Gottes ist, Ihn loben, weil die Seele des Menschen ja im Lobpreis leben wird, wie es der Engel ist. Solange nämlich der Mensch in der Zeit lebt, bebaut er die Erde, wie er will und wie er es wünscht, und so weist er auf Gott hin, weil er nach Ihm bezeichnet ist.

Und vor ihnen erscheinen die seligen Ordnungen der Heiligen wie Wolken. Auf sie blicken die Gestalten aufmerksam. Denn durch die Liebe und Demut gelangt man zur Ehre der himmlischen Herrlichkeit, wenn der Geist der Gläubigen wie Wolken von Tugend zu Tugend strömt. Sobald auch die Liebe und die Demut in sorgfältiger Prüfung und Obhut auf sie blicken, entzünden sie sie entschlossen und sanft zugleich zur Sehnsucht nach dem Himmel. Denn die Liebe ist der Schmuck der Werke Gottes, wie ein Ring von einem edlen Stein geschmückt wird. Die Demut aber hat sich offen im Sohn Gottes kundge-

tan, der sich aus dem unversehrten Stern des Meeres erhob.
Und Er geriet nicht in Furcht durch den Fall des ersten Menschen noch erschreckte Ihn dessen Vertreibung. Denn Ihn berührte keine Sünde, weil Er ganz in der Gottheit verwurzelt war. Aber einige, die Ihn sahen und mit Ihm gingen, trockneten aus und fielen ab wie trokkene Blätter. Er jedoch ließ an ihrer Stelle andere hervorsprießen. Er beriet sich nicht mit irgendeinem Menschen, wie Er Seine Feinde überwinden sollte, die aus ihrem eigenen Willen von ihm abgefallen waren. Aber Er war auch nicht untätig, so wie der erste Mensch nach seinem Fall ohne gute Werke war, denn er rief den Menschen in ein herrlicheres Leben zurück als das, in das er vorher eingesetzt war. Er lehnte sich auch nicht in den Sitz der Überheblichkeit zurück wie der Teufel, der den Menschen mit dem Pesthauch des Ungehorsams täuschte, und Er hatte keine Furcht, wie Er den Menschen jenem wegnehmen würde, weil Er im voraus wußte, daß Er dessen Kopf mit mächtiger Tapferkeit zertreten mußte. Mit den zuvor genannten Tugenden wurde auch die Kirche geschmückt und, wie eine Braut ausgestattet, in das Gemach des Königs geführt, wie geschrieben steht:

Psalm 45,10: Die Kirche und die Gläubigen und ihr Ziel

«Die Braut steht dir zur Rechten, in einem goldenen Gewand, von buntfarbiger Pracht umgeben» (Ps 45,10). Der Sinn dieser Aussage ist so zu verstehen: Oh du Sohn des Vaters, bei der Verlobung des katholischen Glaubens trat

die Kirche hin zur Fülle der himmlischen Sehnsucht, ausgestattet mit der Brautgabe Deines Menschseins, das vom Rot Deines Blutes überströmt ist. Sie war auch umgürtet mit den mannigfachen Tugenden, die sie vom Haus Deines Vaters mitbrachte, als sie sich in die Umarmung Deiner Liebe ‹dilectio› begab. Diese Verlobung ging ja aus dem Willen des allmächtigen Gottes hervor, der sie mit einem strahlenden Werk vollendete, sobald Er den Menschen als Ganzes umfaßte, den Er mit dem Gewand der Gerechtigkeit schmückte, als der Sohn Gottes für die Erlösung des Menschen im Fleisch leiden wollte.
Der Mensch ist nämlich das Werk der Rechten Gottes. Durch Ihn wurde der Mensch bekleidet und zur königlichen Hochzeit gerufen, die die Demut feierte, als der höchste Gott in die Tiefen der Erde blickte und die Kirche aus dem einfachen Volk sammelte. Er, der gefallen war, sollte durch die Reue wieder aufstehen und sich in heiligem Lebenswandel erneuern, von mannigfaltigen Tugenden wie mit der Blühkraft ‹viriditas› der Blumen geschmückt. Der Hochmut aber ist immer verdorben, weil er jedes Ding zerdrückt, zerteilt und wegnimmt. Die Demut dagegen raubt oder nimmt niemanden etwas, sondern hält alles in Liebe fest. In ihr hat Gott sich zur Erde herabgeneigt, und durch sie hat Er alle Tugendkräfte gesammelt. Denn die Tugenden streben hin zum Sohn Gottes, wie die Jungfrau einen Mann zurückweist und Christus ihren Bräutigam nennt. Mit der Demut sind die Tugenden verbunden, wenn Er sie zur Hochzeit des Königs führt.

Diese Worte sollen die Gläubigen in der Hingabe ihres Herzens aufnehmen, denn sie sind zum Nutzen der Gläubigen von ihm verkündet, der der Erste und Letzte ist.

(Liber divinorum operum 8)

Im Aufeinandertreffen der Tugenden und Untugenden verurteilt die personifizierte Liebe die ebenfalls personifizierte Missgunst und beschreibt im Gegensatz dazu ihr eigenes Wirken:

Und abermals hörte ich aus der erwähnten Sturmwolke eine Stimme dieser Gestalt antworten: «O du schmutziger Scharfmacher! Wie eine Schlange bist du, die sich selber den Tod gibt. Denn alles das, was in Festigkeit und Ehre Bestand hat, das kannst du nicht ertragen. Du bist jenes Götzenbild, das gegen Gott aufsteht und das die Völker durch Treulosigkeit tötet. Daher nennst du dich mit Recht eine Hölle, da auch diese gegen jedes rechte Maß ihre Vermessenheit setzt. Will sie doch alles, was der Weisheit entstammt, vernichten, und sie mag nicht einmal leben mit diesen schönen und strahlenden Dingen.
Ich aber bin jener Lufthauch, der alles Grüne nährt und die Blüten sprießen läßt mit ihren reifenden Früchten. Mit jedwedem Hauch des Heiligen Geistes werde ich belehrt, so daß ich die lautersten Bäche ergießen kann. Mit dem Seufzen zum Guten rufe ich Tränen hervor und aus den Zähren den Wohlgeruch heiliger Werke. Auch bin ich jener Regen, der aus dem Tau herweht, durch den alle Kräuter mich anlachen zu fröhlichem Leben (laeta vita).
Du aber, ein gar böses und schlechtes Gift, du nagst an allem Wertvollen mit deiner Pein, ohne doch all diese Pracht vernichten zu können. Je mehr du wütest, um so mehr wächst alles das. Und wo du als Tod auftrittst, da le-

ben jene Kräfte auf, und in Gottes Macht erscheinen die Blüten der Weinberge. Auch bist du ein ruchloses und nächtiges Scheusal und das Zischen des Satans, und nichts anderes ist dein Sehnen. Im Hochmut deines Geistes behauptest du: ‹Ich will mehr Völker an Zahl als Sand am Meere an mich ziehen.› Und doch gehst du zugrunde.
Ich hingegen, ich wirke bei Tag und bei Nacht die Tugend des Gleichmuts und der guten Tat. Ich breite Tag und Nacht meinen Mantel aus. Alle guten Werke wirke ich am Tage, und ich salbe bei Nacht alle Schmerzen, und so kann keiner mir auch nur das geringste vorwerfen. Ich bin die liebenswürdige Freundin am Throne Gottes, und Gott verbirgt mir keine Entscheidung. Das königliche Brautgemach, es ist mein, und alles, was Gott gehört, gehört auch mir. Und wo der Sohn Gottes der Menschen Sünden mit Seinem Gewande tilgt, da verbinde ich die Wunden mit mildestem Linnen. Du aber solltest dich schämen, da du den besseren Teil nicht gefunden hast.»

(Liber vitae meritorum 3,8)

Glühende Liebe und Luzifers Höllensturz:

Die Liebe ist im Rad der Ewigkeit ohne Zeit, wie die Glut im Feuer. Gott hat nämlich in Seiner Ewigkeit alle Geschöpfe vorausgewußt. Er hat sie in der Fülle Seiner Liebe so hervorgebracht, daß der Mensch bei ihnen keine Erquickung oder keinen Dienst entbehrte, weil Er sie mit dem Menschen verband wie die Flamme mit dem Feuer. Als ersten aber schuf Gott den Engel in der größten Schönheit, wie schon vorher gesagt wurde. Aber sobald jener sich selbst erblickte, haßte er seinen Herrn und wollte selbst der Herr sein. Aber Gott warf ihn in den Schacht der Hölle. Daher gibt dieser Aufrührer dem Menschen seinen bösen Rat, dem der Mensch zustimmt.

(Liber divinorum operum 1,12)

Der Schöpfer umfängt den Menschen in Liebe und scheidet Gut und Böse:

Und Gott sah, daß das Licht gut war, und er schied das Licht von der Finsternis. Und er nannte das Licht Tag, und die Finsternis nannte er Nacht.

Wenn also Gott sieht, wie jener Mensch das Gute zu wirken beginnt und sein Haus so leuchtet, blickt Er ihn an, indem Er ihn in Liebe umfängt, weil Er den Beginn des Guten in ihm weiß und sieht. Und bei demselben Beginn trennt Er jene leuchtenden Werke von der Berührung mit den finsteren Taten, die zu Qualen führen. Das ist jene Scheidung, daß Gott das Gute in diesem Menschen sieht und das Böse von ihm abwendet. Die leuchtenden Werke nennt Er auch bei sich selbst den Tag des Heils, weil Er in den guten Werken die Seelen aus dem Verderben, das in Adam war, zu sich zurückruft. Die entgegengesetzten Werke nennt Er die Nacht des Verderbens, die mit dem Teufel, dem Vater des Menschenmordes, anbrach.

(Liber divinorum operum 5,22)

Gott züchtigt und liebt die Gläubigen:

Ich sehe in dir teilweise Dunkelheit. Wieso? Weil dein Herz in jene Traurigkeit verwickelt ist, die vom Zweifel wie eine Mühle herumgeschleudert wird und spricht: Welches und wie beschaffen ist meine Lage?

Nun ist es förderlich für dich, den Tag zu betrachten, der am frühen Morgen in reinstem Morgenrot aufsteigt, doch nachher von wechselnder Witterung bedroht wird ‹circumdatur›. So ist auch dein Leben. Denn wenn es dir immer wohl erginge, würdest du dem Krebs gleichen, der nicht geradeaus läuft. Darum läßt Gott zu, daß man dir heftig zusetzt; denn den Sohn, den der Vater liebt, schlägt er auf diese Weise mit der Rute.

«Treue erhob sich von der Erde, und Gerechtigkeit blickte vom Himmel herab» (Ps 85,12). Das bedeutet: Alle Treue prüft Gott durch den Menschen, den Er aus dem Lehm der Erde formte. Erde, die hart und steinig ist, wird kaum vom Pflug aufgerissen, gute und weiche Erde jedoch bestellt man mit Freude. Und in beiden Fällen ist Gott treu. Einen harten und groben Menschen zähmt Er durch Mühsal, doch einen liebevollen und gutwilligen umarmt Er mit dem Kuß der Liebe; dieser vollbringt alle guten Werke gern. Und die Gnade Gottes, die alles Harte und Willige mit der Sonne der Gerechtigkeit durchstrahlt, hört alle, die unter dem Aufseufzen des Herzens zu Ihm rufen, da sie Ihn kennen. Denn wie Gott die Sonne bestellte, damit sie die ganze Welt erleuchte und

keine Dunkelheit dulde, so weist die Macht Gottes durch ihre Gnade diese Härte zurück, damit sie dem nicht ‹mit Härte› vergelte, der Ihn anruft.
Darum fürchte deine Qualen nicht, denn ich schaue dein Kloster nicht zerstört; vielmehr wünscht Gott, daß du so an deine Last gebunden bleibst. Und die Schafe, die zu dir laufen wollen, sammle; die dich aber ablehnen, ertrage in Erbarmen, bis sie nach dir rufen. Und lebe in Ewigkeit.

(Epistula 146R)

Der Teufel ist blind für die Liebe, erkannte in Jesus den Mensch gewordenen Gott nicht und versuchte ihn vergeblich:

«Gott hat nämlich Himmel und Erde geschaffen» (Gen 1,1), wie Mose – vom heiligen Geist inspiriert – schrieb, den Er in einem irdenen Gefäß – d.h. dem Menschen – andeutete. Der Teufel erkannte ihn nicht vollständig – d.h. wie er in die Wundertaten Gottes einbezogen ist – wie ihm auch die in der Menschheit verborgene Gottheit verborgen blieb. Denn hätte er Ihn vollkommen erkannt, wäre er nicht an ihn herangetreten, um ihn zu verführen. Der Teufel erblickte Ihn jedoch auch vor seinem Fall niemals, weil er blind für die Liebe war, die in allen Dingen wie Seele und Auge vorhanden ist. Er spürte aber, daß Jesus Christus ohne Sünde war, und durch Ihn Werke geschahen, durch die der Mensch zum Leben aufersteht. Daher erinnerte er sich an den ersten von ihm getäuschten Menschen, und wollte auch Ihn in Versuchung führen und täuschen. Er bemüht sich auf jede Weise, sein Gedächtnis zu vernichten, wenn auch erfolglos. Doch als er sich besiegt sah, schämte er sich – völlig eingeschüchtert – und vertraute in seiner Bosheit darauf, daß er durch den Antichrist Gott bei seinem Werk aus der Fassung bringen würde, weil er infolge seines starken Einflusses bei seiner ersten Verführung Zuversicht hegte, am irdischen Menschen zu vollbringen, was er am unauslöschlichen Licht nicht vermochte.

(Epistula 389)

Gottesliebe und Nächstenliebe:

Denn der katholische Glauben, der sich über den ganzen Erdkreis ergießt und im ersten Morgenrot eines außergewöhnlichen Glanzes aufsteigt, umfaßt mit aller Ehrfurcht das übermaß der Fülle der wahren Liebe, in der Gott durch die Menschheit Seines Sohnes den Menschen erlöste und ihn durch die Eingießung des Heiligen Geistes stärkte. So wird der Eine Gott in Seiner Dreifaltigkeit erkannt, Er, der ohne Anfang in der Zeit vor aller Zeit Gott in Seiner Gottheit war.

Denn Gott hat in Seinem Planen und in Seiner Fürsorge für alles das Äußerste Seiner Liebe darin gezeigt, daß der Gottessohn in Seiner Menschheit den verlorenen Menschen zum Himmel zurückführt.

Denn die Liebe zu Gott und die Nächstenliebe ‹dilectio Dei et proximi› können nicht voneinander getrennt werden, weil sie durch die Tugendkraft der Liebe ‹caritas› aus der Einheit des Glaubens hervorgehen und in tiefster Sehnsucht diesen Glauben umfassen. Aber die heilige Gottheit verhüllt den Menschen den unermeßlichen Glanz Ihrer Herrlichkeit, solange sie im Schatten des Todes ohne das himmlische Gewand sind, das sie in Adam verloren haben.

(Liber divinorum operum 1,3 f)

Die Liebe des Menschen zu Gott

Die Personifikation der Liebe zum Himmlischen:

Deshalb bezeichnet *diese erste Gestalt* die himmlische Liebe, denn sie muß vor jeder Sorge in den Menschen wohnen (inesse). *Sie trägt auf ihrem Haupt eine Bischofsmitra und hat gelöstes helles Haar.* Sie ist nämlich herrlich (valde) im Hohenpriester Jesus Christus gekrönt und in den Hohenpriestern des Alten Testaments und in denen, die zum Gottessohn sprechen: ‹Würdest du doch die Himmel zerreißen und herabsteigen!› Sie steht unbedeckten Haars; es zeigt sich hell und ohne frauliche Verschleierung und deutet damit darauf hin, daß das Priesteramt von ehelicher Verpflichtung bei der Ankunft meines Sohnes freizuhalten war. Dieser soll von den Priestern um der Erlösung willen in Keuschheit nachgeahmt werden, weil sie der vollkommenen himmlischen Liebe immer so anhangen sollen, daß sie die schlechten Lebensgewohnheiten der Menschen der Ansteckung mit der Sünde entreißen und als heller und glänzender Anteil an der geistlichen Gabe Gottes hervortreten. Sie ist auch *mit einem weißen Mantel angetan, der an den beiden unteren Säumen mit Purpur besetzt ist.* Das heißt: Die Gnade Gottes umgab sie mit dem Schimmer der Sanftmut, untersetzt und geschmückt mit schönen Ornamenten der Liebe an den Grenzen ihrer Verteidigung; denn zur Vollendung eines jeden guten Werkes gehört es (inesse debet), die göttliche Gnade zu ergreifen; sie besteht aus zwei Teilen, nämlich in der Tugend der Gottes- und Nächstenliebe. Daß *sie* aber *in der Rechten Lilien und andere Blumen trägt,* bedeutet: Im guten Werk gewinnt sie den reinen Lohn von Lilien des ewigen Lebens und die Klarheit des ewigen Lichts und andere Blumen der Heiligkeit, die sich ihm zugesellen und sich mit ihm in himmlischer Liebe vereinigen.

(Scivias 3, 3, 5)

Die Liebe der Gläubigen zu Gott und die allegorische Bedeutung der Luft:

Die Luft mit ihren scharfen Kräften bezeichnet den Glauben, der ein Banner des Sieges ist. Und wie sie als Feuerflamme leuchtet, so zeigt der Glaube den rechten Weg wie auch den Tau der Hoffnung, mit dem sie den Geist der Gläubigen benetzt. Da diese zu himmlischen Dingen aufseufzen, tragen sie die grünende Lebensfrische vollkommener Liebe in sich und beeilen sich, allen zu Hilfe zu kommen. Daher bringen sie gleichsam durch den Lufthauch der Reue unter Tränen die Klage im Gebete vor, so wie ein milder Lufthauch die Blüten heraustreibt. Und so wirken sie in der Glut himmlischer Sehnsucht reichste Frucht, die Speise des Lebens gleichsam, die ihrem eigenen Nutzen wie auch dem vieler anderer dient.

(Liber vitae meritorum 6,22)

Tugenden und Liebe:

Gott schuf den Menschen in der Kirche zur Erkenntnis Seiner Gottheit, damit er in seiner Seele die himmlischen Tugenden mit den Seufzern seiner Seele verwirklichen kann. Mit ihnen ist die Kirche wie mit Edelsteinen der Tugenden geschmückt. Er schuf ihn auch nach dem Bild Gottes, nämlich nach Seinem Sohn. So soll er von glühender Liebe umgeben sein, indem er alles Gute in Keuschheit mit noch vortrefflicheren Tugenden vollendet, damit die Kirche Gottes mit den Werken Gottes vollendet wird. So also schuf Gott die Völker, damit sie männliche Kräfte – nämlich den Mann – in den himmlischen Tugenden haben und damit sie bei der Bedrängnis der Seele im weltlichen Leben in Sorge um ihre Kinder auch in Gottesfurcht leben – das ist die Frau –, damit die Kirche auch mit ihr aufgebaut wird. Aus diesen Gründen segnete Gott sie mit dem vollen Segen der heiligen Menschwerdung, nämlich darin, daß der Sohn Gottes sich mit der Menschheit bekleidete. Und deshalb sollten in den geistlichen und weltlichen Menschen alle Arten der Tugenden, die wegen der Liebe zu Gott Fortschritte machen, kräftig träufeln. Denn Gott ist Gott und Mensch, aus dem alle heilige Lebenskraft ‹sancta viriditas› hervorsproßt. Und in der Ermahnung des Heiligen Geistes sagt Er, die Völker in der Kirche sollten in den reichlich strömenden gerechten Wünschen wachsen und in jedem einzelnen Leben gemäß der Gottesfurcht Fortschritte machen. Sie sollen sich in diesen vermehren, damit sie in ihren Bemühungen fruchtbar sind und die Tugenden nicht vertrocknen, weil sie diese stets in sich erneuern. Und so sollen sie jene Erde, die Kirche, erfüllen, sie Christus unterstellen und in ihr herrschen, so daß sie dem Evangelium nachfolgen und mit den auffliegenden lebendigen Tugenden, die sich vom Irdischen entfernen und im Guten beständig sind, sich zum Himmlischen aufrichten.

(Liber divinorum operum 5,43)

Die Liebe zwischen Jesus und dem Evangelisten Johannes, der beim Letzten Abendmahl an seiner Brust ruhte:

Johannes – Spiegel der Taube

O Spiegel der reinsten Taube,
im lautersten Quell hast erschaut du
die Weite der Liebe,
die sich in Geheimnissen verschwendet.
O wundersame Pracht der Blüten,
die nimmer welkt,
nie sank zu Boden –,
hat dich doch gepflanzt der göttliche Gärtner!
O süßeste Ruh,
liebend geneigt
in der Umarmung der Sonne –:
Du, des Lammes vielgeliebter Sohn,
du, ein neuer Sproß
in erlesener Freundschaft!

(Symphonia 27)

Gottessehnen der heiligen Märtyrerin Ursula von Köln
und ihrer Begleiterinnen:

Der Jungfrau Ursula

Voller Sehnsucht war sie,
die Jungfrau Ursula,
das Gotteslamm liebend zu umarmen.
Milch und Honig hatte sie auf der Zunge,
einer Wabe gleich,
die von Honigseim trieft.

Denn um sie scharten sich
junge Mädchen ohne Zahl,
gleich einem Garten,
der blühet und sprießt
von Blüten und Früchten.

Drum freue dich, Tochter Sion,
frohlocke im strahlenden Morgenrot!

Denn um sie scharten sich
junge Mädchen ohne Zahl,
gleich einem Garten,
der blühet und sprießt
von Blüten und Früchten.

Ehre sei dem Vater und dem Sohne
und dem Heiligen Geist!

Denn um sie scharten sich
junge Mädchen ohne Zahl,
gleich einem Garten,
der blühet und sprießt
von Blüten und Früchten.

(Symphonia 42)

Wer hat je vernommen

Lob und Ehr dem Heiligen Geist!

Im Herzen der Jungfrau Ursula
zog Er die jungen Mädchen an
wie eine Schar von Tauben.
Deshalb verließ sie Haus und Hof,
wie einstens Abraham.

Verzichtet hat sie auf Mann und Heim,
um sich dem Lamm zu vermählen.

Die ganze Heerschar aber um sie,
so keusch, goldstrahlend
im jungfräulich wallenden Haare
hat sie das weite Meer durchfahren ...
Wer wohl hat je so wunderbare Dinge vernommen!

Verzichtet hat sie auf Mann und Heim,
um sich dem Lamm zu vermählen.

Ehre sei dem Vater und dem Sohne
und dem Heiligen Geist!

Verzichtet hat sie auf Mann und Heim,
um sich dem Lamm zu vermählen.

Ehre sei dem Vater und dem Sohne
und dem Heiligen Geist!

(Symphonia 43)

Die Liebe im heiligen Rupert von Bingen,
dem Patron der Klostergründung Hildegards:

Rupertus – Freund Gottes

O was für ein glückseliges Bild:
In Rupert, dem Freunde Gottes,
lodert empor des Lebens Flamme.

Die Liebe Gottes durchströmte sein Herz:
die Frucht des Herrn, sie weilte in ihm.

Und so reifte
zur Blüte sein Ruhm
unter allen Bewohnern des Himmels.

(Symphonia 37)

In dieser Welt muss sich das Streben zu Gott gegen Widerstände durchsetzen und wird mit Mäßigung erreicht:

Im goldenen Licht vernahm ich folgende Worte: O Sohn Gottes, habe vor Augen und gib acht, was der Verbannungsort, an dem du dich befindest – nämlich die Welt – bedeutet. Es gibt nämlich auf ihr Nebel und Finsternis und auch große Beunruhigung durch alle ‹Arten von› Stürme‹n›. Und möchte irgendein Mensch in dieser Überflutung nach Gott verlangen und Ihn umarmen, dann werden ihn oft viele Sturzbäche und Ströme begraben, um ihn von dieser Absicht abzubringen; und zwar bald durch sein Fleisch, und bald durch eine Einladung der Welt. Doch wenn das der himmlische Vater seiht, ergreift Er ‹extendit› die Rute und schlägt diesen Sohn, damit er nicht von der Süßigkeit der Einbildung kostet, sondern des inneren Menschen gewahr wird. Und so reibt sich dieser Mensch mit großen Mühen auf.
Jetzt, teurer Sohn, umarme – wenn du dieser Sohn bist – die liebreiche Mutter, nämlich die Maßhaltung. Und sie wird dich derart bessern, daß du dein Fleisch mit Barmherzigkeit salbst, damit es nicht dahinsiecht, und du auch den inneren Menschen küßt. Und so verlange mit aufmerksamer Sehnsucht nach Gott. Und Er wird dich immer behüten, so daß dich die Ströme nicht ganz bedecken.

(Epistula 300)

Gottessehnen der Nonnen:

Unser aller Vater

O unser aller Vater. Du,
o König und Herrscher der Völker,
Du hat uns erschaffen aus der Urmutter Seite,
die über uns brachte den tiefen, den schmerzlichen Fall.
Wir folgten ihr durch eigene Schuld in die Verbannung,
vereint nun mit ihrem Wehe.

Du aber, o herrlicher Vater,
wir eilen zu Dir mit glühendem Eifer,
wir seufzen nach Dir in überaus liebender,
in der allersüßesten Reue,
die Du uns geschenkt.
Nach all dem Leid nun, umfangen wir Dich,
Dir völlig in Liebe ergeben.

O Christus,
Ruhmreicher Du, o Schönster,
der Du die Auferstehung des Lebens selber bist:
Um Deinetwillen habe wir alles verlassen,
die liebende Lust und ihre so süße Frucht.
In himmlischer Liebe umfangen wir Dich,
dem jungfräulichen Reis gleich,
dem Du bist entsprossen.

Vermählt sind auch wir wieder mit Dir,
auf völlig andere Weise indes,
als wir es dem Fleische nach waren.

O komm uns zu Hilfe,
  auf daß standhaft wir bleiben,
  auf daß wir uns freuen mit Dir
und nimmer von Dir getrennt sind!

O Schönster von allen, Du,
  o süßester Duft ersehnter Wonnen,
  immerdar seufzen wir auf nach Dir,
in bejammernswerter Verbannung.
Wann werden wir Dich schauen,
  wann bei Dir sein?

Noch weilen wir in dieser Welt,
Du aber wohnst in unserem Geiste.
Und so umarmen wir Dich von ganzem Herzen,
  als wärest Du selber nahe bei uns.

Du starker Löwe, Du sprengtest die Himmel,
  ließest Dich nieder in der Jungfrau Gemach.
  Besiegt hast Du den Tod
und das Leben erbaut in der Goldenen Stadt!

Laß uns dort wohnen mit Dir!
  Laß uns bleiben darin, liebster Gemahl!
Hast Du doch entrissen uns dem Schlunde des Teufels,
  der da unsren Stammvater verführt hat!

(Symphonia 67)

Verzicht der Nonnen auf irdische Liebe um der himmlischen willen. Worte der Gottesmutter an Jesus:

O vielgeliebter Sohn, den ich aus meinem Schoß durch die Kraft des kreisenden Rades der heiligen Gottheit geboren habe, die alle meine Glieder angeordnet und in meinem Herzen alle Arten von Harmonie mit Blumen in allen Farbtönen geschaffen hat! Jetzt folgt dir und mir, o liebreicher Sohn, die große Schar der Jungfrauen. Würdige dich, sie mit deiner Hilfe zu retten, wenn sie sagen: Wir wandeln in Gott, und folgen dir alle, indem wir dem engelgleichen Stand Ehre machen. Wir haben uns auf Erden abgemüht und umfangen dich persönlich, o Sohn heiliger Vermählung. Daher:

O zärtlich Liebender, der uns liebreich umfängt,
bewahre uns in der Jungfräulichkeit!
Weh, weh, aus Staub und Adams Fall
sind wir hervorgegangen.
Schwer ist's für uns, zu widerstehen
dem Genusse des Apfels.
Richte uns auf, o Erlöser, Christus!

Wir sehnen uns sehr, dir nachzufolgen,
doch uns Elenden fällt es so schwer,
dich nachzuahmen, König der Engel,
ohne Makel und Schuld.

Wir vertrauen dennoch auf dich:
Den Edelstein willst du im Staube suchen.
Wir rufen dich an als Bräutigam, Tröster
und unseren Erlöser am Kreuz.

In deinem Blute dir bräutlich verbunden,
wählten wir dich, den Gottessohn,
statt eines Mannes zum Gemach,
so Schönster, voll Wonne und lieblichem Duft.

In der beklagenswerten Verbannung
seufzen wir ständig nach dir.
Wann schauen wir dich und bleiben bei dir?
Wir sind in der Welt, du bewohnst uns're Seele.
In unserm Herzen umarmen wir dich,
als wärest du gegenwärtig.

Du starker Löwe zerrissest den Himmel
und stiegst in den Schoß der Jungfrau hinab.
Als Todesbesieger brachtest du Leben
in die goldene Stadt.

In ihr laß uns wohnen und bleiben in dir,
o geliebtester Bräutigam!
Du hast uns entrissen dem Rachen des Teufels,
der unsern ersten Ahnen verführte.

Doch würdige dich, auch jene, die dir nach einer fleischlichen Verbindung in herzlicher Liebe folgen, vor allem Ansturm ihrer Nachsteller zu verteidigen, wenn sie so zu dir rufen:

O Vater aller,
o König und Herrscher der Völker,
du hast uns aus einer Rippe geschaffen
– der ersten Mutter – die über uns brachte
den tiefen, leidvollen Fall.
Wir folgten ihr in die Verbannung aus eigener Schuld,
und einten uns ihrem Schmerz.

O edler Vater, wir eilen zu dir
in glühendem Eifer, verlangen nach dir
in liebender, süßer Reue,
die du uns verliehst. Nach unserer Pein
umfangen wir dich getreulich.

O Christus, so herrlich und überaus schön,
du bist die Auferstehung zum Leben.
Wir haben verzichtet um deinetwillen
auf fruchtbare Liebe in Ehegemeinschaft.
In himmlischer Liebe umfangen wir dich
am jungfräulichen Reis, das dich hat geboren.
Dir sind wir in anderer Weise vermählt,
als wir es früher dem Fleisch nach waren.

Hilf uns, beharrlich zu bleiben,
mit dir uns zu freuen
und niemals von dir uns zu trennen.

(Epistula 390)

Die vorbildliche Gottesliebe der Mönche des Klosters Villers:

In der geistigen Schau meiner Seele sah und hörte ich folgende Worte: O Söhne der Liebe! Ihr seid vom unerschöpflichen sprudelnden Quell benetzt und von der unauslöschlichen Leuchte des Wortes Gottes entzündet. Damit ihr ohne Überdruß in reinem Glauben sucht, was Ihm angehört, und wünscht, es zu finden, müßt ihr diese Worte hören: «Er führte mich in den Weinkeller und ordnete in mir die Liebe. Stärkt mich mit Blumen, erquickt mich mit Äpfeln, denn ich bin krank vor Liebe» (Hld 2,4–5).

Das ist so zu verstehen: Gott hat das Gesetz des Alten Bundes in ähnlicher Weise eingesetzt, wie ein ‹Metall-› Gießer aus Lehm nach seinem Wunsch künstlerisch die Form bildet, um danach das Werk, das er schaffen will, entsprechend aus Metall zu gestalten. Das Gesetz des Alten Bundes war nämlich das Schattenbild der edlen Blume, die Gott nach ewigem Ratschluß aus Maria, der Jungfrau, hervorgehen lassen wollte. Diese Blume aber ist der Sohn Gottes, die strahlende Sonne, die die ganze Welt erhellte und uns den besten Wein zu trinken gab, als wir durch das Gewand seiner Menschheit seine schöne Gestalt vermöge der Einsicht erkannten und in Weisheit die wahre Lehre des reinen Glaubens kennenlernten.

Und so ordnete Er in uns die Liebe. Die Liebe ist nämlich ein unauslöschliches Feuer, aus dem die Funken des wahren Glaubens sprühen. Sie brennen in den Herzen der Gläubigen, die durch die Liebe zu Gott zum Glauben entzündet werden. Sie könnten diesen niemals besitzen, wenn sie Ihn nicht zuerst von Herzen liebten. So verhält es sich auch mit der Ordnung der Liebe in euch.

Unter diesen Funken jedoch eilten die Märtyrer um des wahren Glaubens willen im Vergießen ihres Blutes zur Sehnsucht nach dem Himmel ‹ad celestia desideria›. Sie brannten in jenem unaussprechlichen Feuer der Liebe, und durch die Aussicht auf die Krone ‹floribus› des Martyriums gestärkt, gelangten sie zur ewigen Herrlichkeit. Diese Liebe nämlich erfüllte das Herz der meisten Gläubigen, die nach der Gerechtigkeit Gottes hungern und dürsten, mit den Funken des wahren Glaubens. Niemals können sie sich daran ersättigen, so wie auch die Engel von der beständigen Schau des Angesichts Gottes nie gesättigt werden können; denn Gott ist die Liebe, die weder Anfang noch Ende hat. Diese glückseligen Menschen verlangen in der Tat immer nach Gott. Sie werden dabei von der zuversichtlichen Hoffnung auf die unzähligen Güter der ewigen Seligkeit wie von Äpfeln erquickt. Durch ihr Lebensopfer ‹cum martyrio› überwinden sie nämlich in sich den Geschmack am Irdischen, und achten Ihn, der durch den Genuß des Apfels beim Fall Adams in den Menschen einging, gering. Denn der lebendige Quell durchströmt sie so mit seiner Gnade, daß sie – der Lust des Fleisches erstorben – in nie abnehmendem Hunger und Durst nach Gerechtigkeit vor Liebe krank sind, bis sie im ewigen Leben mit Seiner großen Herrlichkeit glücklich gesättigt werden.

O Söhne Gottes, ihr seid mit dieser Liebe besiegelt, weil ihr in euerm Fleisch die Welt aus Liebe zur wahren Sonne, d.h. dem Gottessohn, verschmäht habt. Er erblühte aus dem Fleisch Mariens als wahrer Mensch und ordnete Seine Liebe in euch. Jetzt aber erleuchte euch das reinste Licht der wahren Sonne und lehre euch, bis zum seligen Ende so im heiligen Wandel auszuharren, daß ihr für ewig in der wahren Glückseligkeit lebt.
Ich armseliges und ungebildetes Geschöpf aber unterwerfe mich der Lehre eurer tiefen Weisheit. Um der vertrauensvollen Bitte eurer Liebe willen blickte ich zum wahren Licht auf und mühte mich mit Hilfe der Gnade Gottes um die Beantwortung eurer Fragen. Doch bin ich mit einer Schrift, die ich begonnen und nicht vollendet habe, noch in Anspruch genommen; und auch eine schwere Krankheit, die mich nach Gottes Willen schon lange quält, hat mich davon abgehalten. So habe ich erst vierzehn Antworten aufgeschrieben und will gern – soweit ich es mit Gottes Gnade vermag – an den weiteren arbeiten.

(Epistula 109R)

Gott beklagt die ungenügende Liebe der Mönche des Klosters Cîteaux:

Ich, der lebendige Quell, sage zu denen, die um meines Namens willen – mit meinem Gewand bekleidet – Fremde sind auf der Jagd der Welt: O, man muß klagen und trauern, daß der Himmel zerrissen und der Tag verdunkelt ist. Jetzt muß man den Denar ‹= Silbermünze im Wert von 10 As; Zahl der Vollkommenheit› in die Halle des Lobgesangs zurückrufen. O Söhne Israels, warum verscherzt ihr die süße Liebe, die sich in mir Erhabenem, der in die Tiefe herabblickt, durch ein ganz vollkommenes Werk ausbreitet? Und weil sie sich in mir ausbreitet, deshalb fließen auch aus ihr lebendige Wasser. Sie aber steht in Gestalt eines Reises da. Denn wie es bei der Jungfrau wegen ihrer Unversehrtheit zarte Umarmungen gibt, so gehören auch zur Liebe süße Umarmungen der Tugenden. Doch jetzt trauert sie, weil Verwegene sie durch die Schwatzhaftigkeit ihres Murrens zerreißen. Daher flieht sie auch vor ihnen in jene Höhe, woher sie gekommen ist, und klagt, daß ihre Söhne, die sie mit vollen Brüsten genährt hat, verschmachten, weil sie sich nicht vom Moder flüchtiger Gedanken reinigen lassen wollen. O diese Unglücklichen, warum gesellen sie sich dem Elend der Entfremdung und Pilgerschaft zu, indem sie sich dem Schoß der königlichen Hochzeit der neuvermählten Braut entziehen? Diese ist immer bereit für ihren Bräutigam, wie eine junge Frau für ihren Mann, wenn sie

ihm noch nicht durch das Erkennen ‹geschlechtlichen Verkehr› verbunden ist, sondern noch rein und unversehrt bleibt. Und weil diese sich von jener Braut trennen, sind sie verfinstert und umwölkt, als ob sie den Himmel zerbrochen hätten.
Was bedeutet das? Wie das Himmelsfirmament mit all seinem Schmuck – nämlich mit Sonne, Mond und Sternen – den Erdkreis erleuchtet, und wie ein Handwerker aus Holz Holzsachen und aus Stein Dinge von Stein macht, und aus anderem Material andere Gegenstände, so sollten auch sie dem übrigen Volk leuchten und einen guten Weg zeigen. Doch die Liebe in ihnen ist gespalten, so daß die Jungfräulichkeit, die in ihnen wie die Sonne leuchten sollte – die Witwenschaft wie der Mond, und das übrige Volk wie die Sterne – an ihrer Leuchtkraft abnehmen, weil der zärtliche mütterliche Schoß sie nicht wärmt, sondern ein verunstaltetes Weib voller Runzeln und Bosheit von schlangenartigem Charakter, mit knirschenden Zähnen und schreckenerregend bei allem, was es tut, auf ganz üble Weise diejenigen nach Art der Schweine nährt, die heilig und auserwählt sein und die Welt verlassen sollten. Denn sie zerreißen ihr Gewand der Unschuld durch spitzfindige Bräuche und Zorn, entweihen schändlich ihre Lebenskraft und schlagen sich im Zorn die Köpfe ein. Dabei halten sie sich verzweifelt die Augen ganz zu, verunreinigen mit ihrem törichten Verhalten völlig ihre Kleidung und wähnen sich klüger als ihre Meister.
Ach, ach, ihr Söhne Israels, hat der milde Vater euch nicht wie eine mystische Gabe Gottes geschaffen, weil Er durch

euern engelgleichen Stand die alte Schlange besiegen wollte, welche die so schlimme Krankheit der Anmaßung wie einen faulen Kadaver in ihren Eingeweiden ausspie. O schöne Blumen und Gefährten der Engel, warum eßt ihr die Speisen der Schlange, indem ihr nämlich einander nach der trägen und übelriechenden Gemeinschaft der großen Spaltungen befragt, was gewissermaßen eine Todsünde ist? Und warum erhebt ihr euch zum ruhelosen Verhalten des häufigen Fragens und Forschens nach vielen eitlen Dingen, und unterscheidet nicht das jedem Menschen nach seinem Maß Verliehene?

Geht auf angemessenen und geeigneten Wegen ohne den flüchtigen Wind der Zerstreuung. Doch wo immer ihr einen leeren Berg findet, nehmt ihr ihn ohne Verzug in Angriff. Und ihr befestigt ihn und baut auf ihm, ohne von ihm abzulassen. Aber ihr arbeitet vergeblich auf ihm, wie auch ein untauglicher Handwerker ein unbrauchbares Gefäß herstellt, das nicht stehen kann, weil es nicht fest ist.

Nun also meine Kindlein, nehmt eure schöne Mutter – meine Freundin, die Liebe – auf und umarmt sie.

(Epistula 276R)

Bräutliche Liebe der Schwestern des Klosters Wechterswinkel:

In einer wahren Schau des Lebendigen Lichtes sage ich: O «Töchter Jerusalems» (Hld 1,4), euch teile ich mit, daß ich es nicht gewagt habe, etwas anderes zu sagen, als was Gott mir gezeigt hat. Dennoch aber sehe ich in eurer Gemeinschaft den Glanz ‹claritatem› der ‹Gottes›furcht und der Liebe zu Gott, wie es heißt: «Wer ist jene, die aus der Wüste aufsteigt wie eine Rauchsäule, duftend von Myrrhe und Weihrauch» (Hld 3,6)? Und darum freut sich meine Seele über eurer Zusammenwohnen, als wäre ich bei euch.

Nun verkündet also euerm Bräutigam und Tröster von mir und meinen Schwestern, daß wir uns gemeinsam an jenem Ort versammeln wollen, wo «der Winter vorbei ist, der Regen verrauscht und vorüber; die Blumen erschienen, die blühenden Reben duften, und man hört die Stimme der Turteltaube» (Hld 2,1–13), damit unser Land ein Garten voller Wohlgerüche werde und wir uns zum Streben nach süßer Liebesumarmung mit unserm Bräutigam zusammenfinden.

Doch auch du, Tochter Gottes A., warst der Beschwerlichkeit dieser Welt entflohen und kamst, um im Paradies Blumen zu sammeln. Bestehe nun starkmütig auf der Beharrlichkeit in guten Werken. Amen.

(Epistula 235)

Verzicht der Witwen auf irdische Liebe
um der himmlischen willen:

Liebhaber voll Zärtlichkeit

O du mein Liebhaber
voller Zärtlichkeit,
wie zärtlich du uns liebend umfängst,
steh bei uns, zu wahren unsere Jungfrauschaft!

Wir sind ja wahrlich entsprossen dem Staube
und – weh uns, o weh – der Sünde Adams.
Es ist schon hart, zu entsagen,
all dem, was an Genuß uns bietet: die Frucht.
Richte Du uns auf, Christus, unser Erlöser!

Wie glühend sehnen wir uns,
Dir zu folgen,
wie schwer wird es uns Armen gemacht,
Dir zu gleichen,
dem unbefleckten, makellosen
König der Engel.

Und doch setzen wir unser Vertrauen auf Dich,
der Du es nicht verschmähst,
zu suchen das edle Gestein selbst noch im Moder.

Nun rufen wir Dich an,
    unser Gemahl, unser Tröster,
        der uns erlöst hat am Kreuze.

Bräutlich verbunden sind wir mit Dir,
    in Deinem Blut,
Die eheliche Bindung mit einem Manne,
    wir haben sie verschmäht,
        um Dich zu erwählen.
        Sohn Gottes.

(Symphonia 66)

Die Liebe zwischen den Geschlechtern

Die Liebe der Ureltern, Sexualität und Gattenliebe:

Als Gott den Adam schuf, hatte Adam eine große Liebe in seinem Schlafe, den Gott über ihn sandte. Und Gott gab der Liebe des Mannes Gestalt, und so ist die Frau die Liebe des Mannes. Sowie nun die Frau gebildet ward, gab Gott dem Manne jene Schöpferkraft, daß er aus seiner Liebe, welche die Frau ist, Kinder erzeugen könne. Als nämlich Adam Eva zum erstenmal erblickte, war er ganz von Weisheit erfüllt, da er in ihr die Mutter seiner Kinder erkannte. Als aber Eva Adam ansah, schaute sie ihn so an, als blickte sie in den Himmel hinein und als richtete sie ihre Seele empor, die den Himmel ersehnt: war doch ihre Hoffnung auf den Mann gerichtet. Und darum wird eine einzige Liebe sein, und nur so sollte es sein in der Liebe zwischen Mann und Frau und nicht anders. Die Liebe des Mannes ist im Brand seiner Leidenschaft wie das Feuer brennender Berge, das kaum einzudämmen ist, die Liebe der Frau gleicht dagegen der Flamme in einem Holzstoß, die man leicht wieder auslöscht. Ihre Liebe ist dem Manne gegenüber wie die ausgeglichene Wärme der Sonnenglut, die fruchtbringend wirkt im Vergleich zu jener ungeheuerlich entfachten Flamme der brennenden Wälder. Deshalb vermag die Frau auf eine angenehmere Weise ihre Frucht auszutragen. Jene gewaltige Liebesglut aber, die in Adam aufkam, als Eva aus ihm hervorging, und die Süßigkeit jenes Schlafes, in welchen er damals gefallen war, ist durch sein Vergehen in eine Süßigkeit entgegengesetzter Natur verkehrt worden. Gleichwohl spürt auch jetzt noch der Mann jenen starken süßen Drang in sich, und wie sich der Hirsch nach der frischen Quelle sehnt, so eilt auch heute noch hurtig der Mann zum Weibe hin. Die Frau aber verhält sich ihm gegenüber mehr wie eine Getreidetenne, die von wuchtigen Schlägen erschüttert wird und die, so wie die Körner in ihr zerschlagen werden, sich tüchtig dabei erhitzt.

Der Mann verspürt vom fünfzehnten Jahre seines Lebens an die geschlechtliche Begierde, und zu dieser Zeit kann er schon den Schaum des menschlichen Samens bei leichtsinnigen Gedankenspielereien aus sich herausschwitzen, aber sowohl die Begierde als auch der Samen selbst sind noch nicht in ihm zur Reife gelangt. So ist es notwendig, daß man ihm wegen der Unreife seines Samens eine äußerst scharfe Beobachtung angedeihen läßt, damit er sich nicht an eine Frau oder an eine andere Ausübung seiner Wollust heranmacht, weil er dadurch leicht töricht und leer in seiner Einsicht werden könnte und auch das Gewissen in ihm abnehmen würde; er könnte davon leicht eine ungesunde und unentwickelte Natur bekommen, da er noch nicht jene Reife erreicht hat, in der er einen fertigen Samen von sich geben kann. Wenn nun ein Mann eine kräftige körperliche Konstitution mitbekommen hat, dann schickt er sich in seinem sechzehnten Lebensjahre an, die natürliche Reife seiner Geschlechtsbegierde auszuüben; falls er aber schwächlich ist, erreicht er erst im siebzehnten Jahre die Reife seiner Fruchtbarkeit. Danach aber gewinnt er erst seinen vollen

Verstand und eine bessere und beständigere Gesinnung, als er vor seiner Reife haben konnte. Von seinem fünfzigsten Jahre an aber verläßt erst der Mann sein kindisches und unbeständiges Gehabe, und er wird eine gefestigte Gesittung erreichen. Wenn er lebensfrisch und von Natur zeugungskräftig ist, kann er die Glut der geschlechtlichen Begierde ungefähr um das siebzigste Lebensjahr schwinden fühlen; ist er schwächlicher, schon um das sechzigste Jahr – und wird es bis zum achtzigsten Jahre wechseln. Von seinem achtzigsten Lebensjahr an erlischt sie völlig in ihm.

Ein Mädchen spürt von seinem zwölften Lebensjahr an den Geschmack des Geschlechtstriebes und vermag dann auch schon leicht in schlüpfrigen Gedankenspielereien den Schaum der Wollust auszugießen, wenn auch diese Wollust noch nichts Reifes für den Samen an sich hat. Da das Mädchen zu dieser Zeit noch in der Unreife lebt, soll es mit aufmerksamster Beobachtung gehütet werden, auf daß es nicht der Schlüpfrigkeit anheimfällt, weil es gerade in diesem Alter mit seiner umherschweifenden Gesinnung sehr zum Leichtsinn neigt. Weil es aber von Natur aus noch nicht fruchtbar sein kann, soll es hauptsächlich deshalb in Hut gehalten werden, wie oben gesagt, damit ihm nicht das Gefühl für Anständigkeit und Schamhaftigkeit und die rechte Gewissenhaftigkeit verlorengehen, wie es bei solch unreifer Begierde und Gelockertheit leicht geschehen kann, woraus solche Mädchen dann später infolge dieser schlechten Gewöhnung mehr die Sitten von Tieren als die von Menschen nachzuahmen pflegen.

In seinem fünfzehnten Lebensjahr wird, wenn das Mädchen lebensfrisch und von saftreicher Natur ist, die Geschlechtsbegierde schon reif und fruchtbar geworden sein; ist es aber schwächlich und von kränklicher Konstitution, dann gelangt es erst im sechzehnten Jahr zur Reife der Fruchtbarkeit; danach wird es ebenfalls seinen reiferen und volleren Verstand und beständigere Sitten als zuvor erlangen. So um das fünfzigste Lebensjahr herum legt auch die Frau die mädchenhaften Sitten und ihr Gehabe der Unbeständigkeit ab und erreicht einen gesetzteren und beständigeren Grundton in ihrem gesamten Verhalten. Wenn sie eine saftreiche und lebensfrische und kräftige Konstitution besitzt, dann mindert sich bei ihr die Wollust des Fleisches so um das siebzigste Jahr, ist sie aber eine schwächliche und kränkliche Natur, schon um das sechzigste Jahr; diese wird sie um das achtzigste Lebensjahr gänzlich im Stich lassen, so wie dies auch vom Mann gesagt wurde.

Wenn ein Mann sowohl mit dem Erguß eines kräftigen Samens als auch in der rechten Liebe und Zuneigung zu seiner Frau den Beischlaf ausübt, und wenn dann die Frau gleichzeitig und gleichermaßen die rechte Zuneigung zum Manne aufbringt, dann wird ein männliches Wesen empfangen, weil es Gottes Ordnung so will. Es kann gar nicht anders sein, als daß dann ein Knabe empfangen wird, weil ja auch Adam so gestaltet wurde aus der lehmigen Substanz, die eine kräftigere Materie darstellt als das Fleisch. Dieses männliche Wesen wird klug werden und tüchtig sein, eben weil es empfangen wurde durch den

kräftigen Samen wie auch unter einer gegenseitigen rechtschaffenen Liebesneigung.
Wenn aber des Weibes Liebe zum Manne mangelhaft ist, so daß zwar der Mann in diesem Augenblick das geordnete Liebesverhältnis zur Frau will, diese es aber nicht erwidern kann, dann wird, falls der männliche Samen zeugungskräftig genug ist, gleichwohl ein Knabe empfangen, weil die Glut der männlichen Liebe der überwiegende Anteil bleibt. Doch wird ein solcher Knabe schwächlich sein und nicht tüchtig werden, weil hier die weibliche Liebe zum Manne nur mangelhaft mitwirken konnte.
Tritt nun der Fall ein, daß der Samen des Mannes dünnflüssig ist, gleichwohl aber die Liebesfülle sich zur Frau hinüberneigen kann und sie von gleicher Liebe zu ihm erfüllt ist, dann kann aus solchem Verhältnis ein tüchtiges Mädchen gezeugt werden.
Wenn weiterhin die Liebesglut zum Weibe beim Mann vorhanden ist, jedoch nicht umgekehrt, oder wenn ebenfalls unerwidert das Weib in der Liebesglut zum Manne hin entbrennt und zudem noch der männliche Samen in diesem Zeitpunkt dünnflüssig ist, dann wird gleichfalls zufolge der Schwäche des männlichen Samens ein Mädchen geboren werden.
Endlich kann noch der männliche Samen wohl kräftig genug sein, aber das gegenseitige Liebesverhältnis wird von keiner Seite in der rechten Weise aufgebracht: es kann dann zwar ein Knabe entstehen, weil der Samen kräftig genug war, aber ein solches Kind wird verbittert bleiben wegen der damals vorherrschenden Bitterkeit seiner Erzeuger.

Schließlich wird auch ein Mädchen von bitterer Grundmischung entstehen, wenn der Samen dünnflüssig war und kein regelrechtes gegenseitiges Liebesverhalten zur Zeit der Zeugung zustande kam. Es kann aber die Glut von Frauen mit fettreicher Natur die Samenkraft des Mannes überwiegen, so daß das Kind in seinen Zügen mehr ihr ähneln wird. Magere Frauen indes gebären Kinder, die mehr dem Vater gleichen.

(Causae et curae 12)

Er [der Teufel] sah auch, daß Adam Eva so leidenschaftlich liebte, daß nach seinem Sieg über Eva Adam alles tun würde, was sie ihm sagte. So vertrieb denn der Teufel den Menschen von diesem Ort. Der alte Verführer verstieß nämlich durch seinen Betrug Eva und Adam aus dem Zustand der Glückseligkeit (de sede beatitudinis) in die Finsternis der Zerstörung. Wie geschah das? Er verführte erst Eva, damit sie Adam schmeichelnd zur Einwilligung überrede. Sie konnte schneller als jedes andere Geschöpf Adam zum Ungehorsam verführen, weil sie aus seiner Rippe geschaffen war. Deshalb bringt die Frau den Mann unschwer zu Fall, da er sich in seiner Zuneigung leicht ihre Worte zu eigen macht.

Was in der Ehe zu beachten und zu meiden ist

Denn nicht einem kleinen Knaben, sondern einem erwachsenen Mann wurde eine geschlechtsreife Frau zugeführt. Da der Mann in den Jahren der Reife fruchtbar wird, muß er sich mit einer erwachsenen Frau vereinigen; auch ein Baum muß die nötige Pflege erhalten, wenn er beginnt, Blüten anzusetzen. Denn aus der Rippe Adams, voll Liebesglut und Lebenssaft, wurde Eva geformt; und deshalb empfängt nun die Frau aus der Kraft und Glut des Mannes den Samen, um ein Kind auf die Welt zu bringen. Der Mann ist nämlich der Sämann, die Frau aber empfängt den Samen. Darum bleibt die Frau unter der Herrschaft des Mannes; denn wie sich die Härte des Steines zur weichen Erde verhält, so auch die Stärke des Mannes zur Empfänglichkeit der Frau.

Daß aber die erste Frau aus dem Manne gebildet wurde, bezeichnet die eheliche Verbindung zwischen Mann und Frau. Sie ist so zu verstehen: Diese Verbindung darf nicht fruchtlos und gottvergessen vollzogen werden; denn Er, der die Frau vom Manne nahm, hat diese gute und ehrenhafte Vereinigung dazu bestimmt, Fleisch aus Fleisch zu bilden. Wie deshalb Adam und Eva ein Fleisch waren, so werden auch jetzt Mann und Frau ein Fleisch in der Liebesvereinigung zur Vermehrung des Menschengeschlechts. Daher muß auch zwischen beiden vollkommene Liebe herrschen wie zwischen den ersten Menschen. Adam konnte nämlich seine Frau beschuldigen, daß sie ihm durch ihren Rat den Tod einbrachte; er entließ sie aber nicht, solange er auf dieser Welt lebte, denn er erkannte, daß sie ihm von der göttlichen Allmacht geschenkt war. So verläßt der Mann um der vollkommenen Liebe willen seine Gattin nur aus einem der Vernunftgründe, welche der Glaube der Kirche vorsieht. Es gibt durchaus keine Scheidung für sie, wenn nicht beide einmütig, im Blick auf meinen Sohn, sagen: «Wir wollen die Welt verlassen und ihm folgen, der für uns gelitten hat.» Sollten die Beiden aber im Streben nach der Ganzhingabe nicht übereinstimmen, daß sie die Welt verlassen wollen, sollen sie sich keinesfalls voneinander trennen; denn wie man Blut nicht von Fleisch trennen kann, solange darin noch Lebensodem ist, so sollen sich auch die Eheleute nicht voneinander trennen, sondern einmütig (in una voluntate) miteinander leben. Ziehen sich aber Mann oder Frau einen gesetzwidrigen Ehebruch zu, sollen sie entweder aus eigenem Antrieb oder von ihren Priestern veranlaßt, nach gerechter Beurteilung durch die geistliche Obrigkeit eine öffentliche Buße auf sich nehmen. Der Ehemann kann zwar gegen seine Gattin und die Ehefrau gegen ihren Gatten nach göttlichem Recht vor der Kirche und ihren Vorstehern über einen Ehebruch Klage führen; doch dürfen weder Mann noch Frau eine andere Verbindung suchen. Sie sollen entweder in rechtmäßiger Ehe (in rectitudine coniunctionis) verbleiben oder, wie es die Kirche vorschreibt, zusammen enthaltsam leben und sich nicht gegenseitig mit Schlangenbissen zerfleischen, sondern einander in reiner Liebe zugetan sein. Sind doch Mann und Frau selbst aus dieser Vereinigung hervorgegangen, wie mein Freund Paulus bezeugt und sagt.

Was der Apostel darüber sagt

«Wie die Frau vom Mann, so der Mann durch die Frau; alles aber aus Gott» (1 Kor. 11,12). Das heißt: Die Frau ist um des Mannes willen geschaffen; denn wie sie vom Manne, so stammt auch der Mann von ihr, damit sie sich bei der gemeinsamen Zeugung ihrer Kinder nicht trennen, weil sie gemeinsam ein Werk vollbringen, wie auch Luft und Wind zusammenarbeiten. Wie geschieht das? Die Luft wird vom Wind in Bewegung gesetzt und der Wind von der Luft umschlossen, so daß alles, was grünt, von ihnen abhängig ist. Was bedeutet das? Frau und Mann wirken bei der Erzeugung von Kindern zusammen. Daher ist es eine überaus schändliche Tat, wenn Unzucht zur Zeit der Fruchtbarkeit eine Trennung bewirkt. Denn Mann und Frau entziehen so das eigene Blut dem Gewebe des Mutterschoßes und verschwenden es an einen fremden. Sie verfallen ohne Zweifel dem Betrug des Teufels und dem Zorn Gottes, weil sie vom Bund abgewichen sind, den Gott für sie einsetzte. Deshalb weh ihnen, wenn ihnen ihre Sünden nicht vergeben werden! Doch obgleich, wie gezeigt wurde, Mann und Frau bei der Erzeugung von Kindern zusammenwirken, entsteht doch alles, Mann und Frau und die übrigen Geschöpfe, nach göttlicher Ordnung und Planung, denn Gott erschuf sie nach seinem Willen.

(Scivias 1,2,10 ff)

Über die körperliche Liebe:

Die geschlechtliche Lust bei der Frau kann mit der Sonne verglichen werden, die milde und leicht und ständig die Erde mit ihrer warmen Glut durchdringt, auf daß sie Früchte hervorbringe. Denn wenn sie die Erde heftig und mit ihren Überschüssen anzünden wollte, würde die Frucht mehr geschädigt als gefördert. So ist auch der Geschlechtsgenuß bei der Frau milde und still und doch von einem ständigen Glutbegehren, Kinder zu empfangen und zu gebären. Derartig geeignet zur Empfängnis und zum Austragen aber könnte die Frau nicht sein, wenn sie immerfort in der Hitze des wollüstigen Begehrens stekken würde. Wenn sich also die Wollust in der Frau bemerkbar macht, ist sie leichter als beim Mann, weil das gewisse Feuer in ihr nicht so heftig glüht, als dies beim Mann der Fall ist.

Denn sowie der Sturm der Leidenschaft sich in einem Manne erhebt, wird er in ihm wie in einer Mühle herumgeworfen. Seine Geschlechtsorgane sind dann gleichsam die Schmiede, in die das Mark sein Feuer liefert. Dann befördert jene Schmiede die Glut zu den männlichen Geschlechtsteilen und läßt sie mächtig aufflammen. Wenn hingegen der Wind der Lust aus dem weiblichen Markt aufsteigt, gerät er in die Gebärmutter, die am Nabel hängt, und läßt das Blut der Frau in Erregung geraten. Da aber diese Gebärmutter rings um die Nabelgegend einen weiten und gewissermaßen offenen Raum besitzt, vermag sich jener Wind im Unterleib der Frau auszudehnen und läßt sie infolgedessen weniger heftig, wenngleich wegen der Feuchtigkeit häufiger in der Leidenschaft erglühen. Deshalb kann sie sich auch, sei es aus Motiven der Scham oder Scheu, leichter als der Mann vom Geschlechtsgenuß enthalten. Hierzu kommt, daß sich bei ihr der Schaum des Samens seltener als beim Manne ergießt und daß er spärlicher und gänzlich unbeträchtlich im Vergleich zum männlichen Samen rinnt, fast nur so, wie ein kleiner Bissen sich zum ganzen Brot verhält.

(Causae et Curae 8)

Die Personifikation der Unkeuschheit und ihre Bestrafung:

Diese Gestalt erscheint als Weib. Wie nämlich das Weib fruchtbar ist zum Gebären, so trägt auch die Wollust die Gier und den Zunder der Sünde in sich. Die Gestalt liegt auf der rechten Seite, weil sie die Redlichkeit guter und keuscher Taten verachtet. In der Lust des Fleisches erwähnt sie bisweilen Gott und entschuldigt sich selbst, bisweilen behauptet sie, die wahre Buße zu wollen, die sie doch nicht hat; und so sündigt sie in ihrem Selbstvertrauen aus dem vollen. Die Beine hat sie gekrümmt und hochgezogen, so wie ein Mensch dies tut, der es sich auf seinem Lager bequem macht, weil sie die Kraft, in der sie hochaufgerichtet zu Gott dastehen sollte, in die Gebrechlichkeit des hingeworfenen Fleisches verkehrt hat und dieses durch die Macht der schändlichen Werke an sich zieht. Und so läßt sie sich auch in ihrer Gesinnung voll Wollust gehen und behauptet mit den lüsternen Menschen, sie könne sich nun einmal nicht ihrer Begierde enthalten. Ihre Haare sind wie Feuerflammen, weil die Menschen, die ihrer Lust leben, alle Scham, die sie im Geiste zur Keuschheit hinwenden sollten, herabziehen in die Glut der Lust. So nähren sie in sich die Flammen eines schimpflichen Brennens, durch das sie sich selbst wie andere schmählich strecken. Ihre Fugen sind weiß wie Kreide, weil dieses Laster der schlechten Menschen Absichten mit ihrem unsauberen Müßiggang durchbohrt, damit sie auf nichts mehr achten, was nur nach Arbeit aussehen könnte, auf daß sie um so bereiter für ihre Lüste werden. An ihren Füßen trägt sie weiße Schuhe, die aber so schlüpfrig sind, daß sie auf ihnen weder gehen noch stehen kann, weil sie nur wollüstige Gier und keinerlei rechtmäßige Abtötung des Fleisches im Lebenswandel der Menschen duldet. Ihr schlüpfriges Gebärdenspiel weist darauf hin, daß sie auf keine Weise weder in der Ehre der Rechtschaffenheit zu wandeln noch in der Gewohnheit der Beständigkeit bei ihr zu weilen bestrebt ist, dafür aber auf den Abwegen ihrer schändlichen Leidenschaft einherschreiten will, indem sie hin und wieder hochspringt, um dabei nur um so öfter in die Tiefe zu fallen. Da die unreinen Menschen den Reizen des Fleisches verfallen und den Schmutz der menschlichen Befleckungen bevorzugen, indem sie sich den schlimmen Tieren angleichen und die himmlische Enthaltsamkeit fliehen, unterziehen sie sich nach göttlichem Richterspruch zahlreichen Leiden ihres Fleisches, da sie just das in ihrem Eigensinn nicht wollen, was sie an Wert ersehnen sollten, wie dies beim Apostel Paulus geschrieben steht:

Der Apostel Paulus spricht

«Daher überließ sie Gott der Unreinheit, nach der ihr Herz gelüstet, so daß sie gegenseitig ihre eigenen Leiber schändeten. Denn Gottes Wahrheit hatten sie gegen die Lüge eingetauscht, und sie wollten lieber dem Geschöpf Verehrung und Anbetung erweisen als ihrem Schöpfer, der da hochgelobt ist in Ewigkeit» (Röm 1,24–25).

(Liber vitae meritorum 3,51)

Und ich erblickte ein gewaltiges Feuer, das in äußerster Glut brannte, ganz und gar durchmischt von giftigem und stinkendem Schwefel, von dem es abermals in gewaltiger Stärke aufbrodelte, so daß es, von dieser Eingießung in Bewegung gesetzt, ein großes Geklirre von sich gab. An diesem Strafort wurden die Seelen jener gequält, die sich während ihres leiblichen Daseins der Wollust und Unzucht ergeben hatten. Wegen der Leidenschaft der Wollust wurden sie von diesem Feuer gepeinigt. Wegen der unreinen Begehrlichkeit, die in ihnen loderte, wurden sie von diesem Gift angesteckt. Und wegen ihrer immer neuen schmachvollen Handlungen wurden sie durch diesen Schwefel gestraft.

(Liber vitae meritorum 3,85)

Zu wem, sei am Ende dieser Sammlung gefragt, stand Hildegard selbst aber in einer liebevollen, persönlichen Beziehung? Es gibt nur einen Menschen, von dem sich das mit Sicherheit sagen lässt, eine Nonne ihres Konvents, die adelige Richardis von Stade, Schwester des Erzbischofs von Bremen. Zu ihr, die ihr auch bei der Abfassung des Scivias zur Seite gestanden war, empfand ihre Meisterin große Zuneigung. Als Richardis aber zur Äbtissin des Stiftes Bassum gewählt wurde, bemühte sich die Seherin verzweifelt, jedoch erfolglos, darum, sie in ihrem Konvent behalten zu können. Auch ausdrückliche Willenserklärungen Gottes, die sie in dieser Sache erhalten zu haben behauptete, stießen auf taube Ohren; weder der Erzbischof noch der Papst, an den sie sich ebenfalls wandte, gaben ihr die Vertraute zurück.

Hildegard an Richardis in Bassum:

Tochter, höre mich, deine Mutter, die zu dir im Geiste spricht: Schmerz steigt auf. Der Schmerz tötet das große Zutrauen und den Trost, den ich an einem Menschen besaß. – Von nun an will ich sagen: «Besser ist es, auf den Herrn zu hoffen, als auf Fürsten Hoffnung zu setzen» (Ps 117,9). Das heißt, der Mensch soll auf den erhabenen Lebendigen blicken, ohne irgendwelche Überschattung der Liebe und des gebrechlichen Vertrauens, das die nebelhafte Feuchtigkeit der Erde für kurze Zeit hat. Ein Mensch, der so auf Gott schaut, heftet sein Auge wie der Adler auf die Sonne. Und darum soll der Mensch sich

nicht nach einer hochgestellten Persönlichkeit richten, die vergeht wie eine Blüte abfällt. Das habe ich aus Liebe zu einem edlen Menschen außer acht gelassen.
Nun sage ich dir: Sooft ich auf diese Weise sündigte, wies mich Gott durch irgendwelche Ängste oder Schmerzen auf diese Sünde hin. So geschah es, wie du selbst weißt, auch jetzt um deinetwillen.
Und nochmals sage ich: Weh mir Mutter, weh mir! Warum hast du, Tochter, mich wie eine Waise zurückgelassen? Ich habe den Adel deiner Sitten, die Weisheit und Keuschheit, deine Seele und dein ganzes Leben geliebt, so daß viele sagten: Was tust du?
Nun sollen alle mit mir klagen, die Schmerz erleiden, der meinem Schmerz gleicht, die aus Gottesliebe solche Liebe im Herzen und in ihrem Gemüt zu einem Menschen trugen, wie ich sie dir gegenüber hegte. Er wurde ihnen in einem Augenblick entrissen, wie auch du mir abwendig gemacht wurdest. Doch der Engel Gottes gehe dir voran, es beschütze dich der Sohn Gottes, und seine Mutter behüte dich. Gedenke deiner unglücklichen Mutter Hildegard, damit dein Glück nicht versiege.

(Epistula 64)

Intervention Hildegards bei Erzbischof Hartwig von Bremen:

O Teurer, deine Seele ist mir sehr liebenswert wegen deines Adels. Jetzt höre mich, da ich unter Tränen und Drangsal zu deinen Füßen hingestreckt liege. Denn meine Seele ist sehr betrübt, weil ein gewisser schrecklicher Mensch meinen und meiner Schwestern und Freunde Rat und Wunsch bezüglich unserer geliebten Tochter Richardis mißachtet und sie nach seinem verwegenen Vorhaben aus unserem Kloster entführt hat. Der allwissende Gott weiß ja, wo Hirtensorge dienlich ist. Deshalb soll der gläubige Mensch nicht herumlaufen und auf ein Vorsteheramt sinnen. Verlangt er in ruhelosem Geist danach, Meister zu sein, und gelüstet es ihn mehr nach Macht, als daß er auf Gottes Willen blickt, ist er in seiner Stellung ein räuberischer Wolf und seine Seele sucht niemals gläubig geistliche Dinge. Vielmehr herrscht dort Simonie.

Daher hatte es unser Abt nicht nötig, eine heiligmäßige Seele in ihrer Verblendung und Unwissenheit zur Bekleidung dieses Amtes in so großer Unbesonnenheit und geistiger Blindheit zu bestimmen. Hätte sich unsere Tochter ruhig verhalten, würde sie Gott für die gewünschte Ehrenstellung bereiten.

Daher beschwöre ich dich, der du nach der Ordnung des Melchisedech auf dem Bischofsstuhl sitzt, und bitte dich bei dem, der sein Leben für dich hingab und bei seiner edlen Mutter: Schicke meine geliebte Tochter wieder zu mir zurück – denn ich übergehe Gottes Wahl nicht und widerspreche ihr nicht, wo immer sie auch stattfinden mag – so daß Gott dir den Segen gebe, den Isaak seinem Sohn Jakob gab, und dich mit dem Segen segne, den Er Abraham wegen seines Gehorsams durch den Engel spendete.

Höre mich nun und verwirf meine Worte nicht wie deine Mutter, deine Schwester und Graf Hermann sie verworfen haben. Ich tue dir kein Unrecht ohne den Willen Gottes und das Seelenheil deiner Schwester, sondern bitte, daß ich durch sie getröstet werde und sie durch mich. Ich widerspreche nicht der Anordnung Gottes.

Gott schenke dir Segen vom Tau des Himmels und alle Engelchöre mögen dich loben, wenn du auf mich, die Dienerin Gottes, hörst und den Willen Gottes in dieser Angelegenheit erfüllst.

(Epistula 12)

Verwendete Ausgaben

Hildegard von Bingen, Das Buch vom Wirken Gottes (Liber divinorum operum), Augsburg 1998.

Hildegard von Bingen, Der Mensch in der Verantwortung. Das Buch der Lebensverdienste (Liber vitae meritorum), Salzburg 1972.

Hildegard von Bingen, Heilkunde. Das Buch von dem Grund und Wesen und der Heilung der Krankheiten (Causae et Curae), Salzburg 1974.

Hildegard von Bingen, Im Feuer der Taube. Die Briefe (Epistulae), Augsburg 1997.

Hildegard von Bingen, Scivias – Wisse die Wege; eine Schau von Gott und Mensch in Schöpfung und Zeit, Freiburg 1992.

Hildegard von Bingen, Symphonia. Gedichte und Gesänge, Gerlingen 1995.

Nachwort

I

Sich über die Persönlichkeit Hildegards in objektiver Weise informieren zu lassen, ist gar nicht so einfach, denn eine nach den Grundsätzen der kritischen Geschichtswissenschaft gearbeitete Biographie fehlt bis heute. Fast alle dem Leben und den Werken dieser Frau gewidmeten allgemeinen Publikationen weisen mehr oder minder deutlich elogische Züge auf: Hildegard, die große katholische Heilige, Hildegard, die erleuchtete Benediktinerin, Hildegard, die innovative Theologin (oder sogar: Philosophin), Hildegard, die Vorkämpferin (oder, wie man tatsächlich liest: Vorschwester und Kirchenmutter) der Feministinnen, Hildegard, die weise Ärztin, Hildegard, die geniale Dichterin und Musikerin... So wie es den meisten ‹Großen› der Geschichte ergeht, wurde und wird auch die Meisterin vom Rupertsberg als Projektionsebene für heutige Interessen funktionalisiert, freilich in so hohem Maße, wie dies bei keiner anderen Frau des Mittelalters der Fall sein dürfte, Johanna von Orléans vielleicht ausgenommen. Da – freilich kaum berechtigter Weise – unter ihrem Namen Heilmittel, -methoden und Selbsthilfebücher angepriesen werden, die oft unseriös, dafür aber stets kostspielig sind, ist sie vermutlich die heute am meisten kommerzialisierte Frauengestalt unserer Vergangenheit. Hildegard hätte wohl mit dem heiligen Zorn der Prophetin reagiert, hätte sie gewußt, daß ihr heute auf dem Buchmarkt nicht nur Kochbücher, Gesundheitsratgeber, Seelentröster und dergleichen mehr, sondern sogar Kosmetikprogramme, Psychotherapien, Kriminalromane und eine ‹Edelsteinuhr› unterschoben werden. Der Respekt, der der Authentizität der Werke lebender Schriftsteller und Schriftstellerinnen schon aufgrund der sonst fälligen juristischen Konsequenzen entgegengebracht wird, darf anscheinend bei einer vor gut 800 Jahren verstorbenen Autorin völlig vernachlässigt werden. Dabei ist die historische Hildegard von Bingen (1098-1179) im Vergleich zu ihren sonstigen namentlich bekannten Zeitgenossinnen sehr gut dokumentiert: Nicht nur besitzen wir in ihren Schriften den umfangreichsten literarischen Nachlaß einer Frau des 12. Jahrhunderts, sondern auch große Teile ihrer ausgedehnten Korrespondenz sowie eine teilweise von einem mit ihr persönlich gut bekannten Mönch verfaßte Lebensbeschreibung.

Wiewohl Hildegards Werke in erstaunlichem Maß durchaus auch Weltklugheit und profanes Sachwissen verraten, kannte sie fast nur das klösterliche Leben, denn mit etwa acht Jahren war sie von den Eltern auf den Disibodenberg bei Bingen zu der Einsiedlerin Jutta weggegeben worden, eine ‹Oblation›, die Abgabe eines lebenden «Zehnten» in ein Kloster, wie sie so vielen Kindern des mittelalterlichen Adels ungefragt widerfuhr. Und Hildegard war das zehnte Kind einer edelfreien, bis jetzt nicht eindeutig identifizierten Familie. Mit etwa 15 Jahren legte sie die ewigen Gelübde nach der Benediktusregel ab, mit

38 wurde sie zur Meisterin des inzwischen aus der Klause entstandenen Konvents auf dem Disibodenberg gewählt. ‹Meisterin› bedeutete in der Praxis so viel wie Äbtissin, doch blieb kirchenrechtlich der Abt des Klosters Disibodenberg (ein Doppelkloster, wo Männer und Frauen, doch baulich getrennt, Gott dienten) der Leiter ihrer Gemeinschaft.

Obschon Hildegards visionäre Begabung sich nach eigener Angabe bereits in ihren Kindertagen gezeigt hatte, war sie nahezu verborgen geblieben; 1141 aber, in ihrem 43. Lebensjahr «kam ein feuriges Licht mit Blitzesleuchten vom offenen Himmel hernieder. Es durchströmte mein Gehirn und durchglühte mir Herz und Brust gleich einer Flamme, die jedoch nicht brannte, sondern wärmte. Nun erschloß sich mir plötzlich der Sinn der Schriften, des Psalters, des Evangeliums und der übrigen katholischen Bücher des Alten und Neuen Testamentes.» Damit verbunden war Hildegards Berufung zur Prophetin: «Ich sah einen sehr großen Glanz. Eine himmlische Stimme erscholl daraus. Sie sprach zu mir: ‹Gebrechlicher Mensch, Asche von Asche, Moder von Moder, sage und schreibe, was du siehst und hörst!›» Dies zu tun, scheute Hildegard sich zunächst ob des Geredes der Welt. Eine Krankheit interpretierte sie jedoch als Gottes Strafe für dieses Zögern; als sie sich seinem Auftrag beugte, kehrte ihr die Gesundheit wieder.

Seit diesem Moment begann die Visionärin, unbeschadet ihrer zahlreichen Erkrankungen, ihre Gesichte den Großen in Kirche und Welt sowie den Mönchen und Nonnen in vielen Klöstern mit unerschütterlichem Sendungsbewußtsein vorzutragen; bald war sie eine Berühmtheit unter ihren Zeitgenossen. Nach Überwindung einiger Widerstände verlegte sie 1148/50 das Frauenkloster vom Disibodenberg zum Bingener Rupertsberg, vielleicht, da sie ihre Botschaften von diesem verkehrsmäßig mit der Welt viel besser verbundenen Ort leichter zu verbreiten hoffte. Der Berg wurde für Ratsuchende zum Wallfahrtsort, der selbst Juden anzog. Aber Hildegard ritt sogar durch das halbe Reich, um ihre Botschaft zu verbreiten. Eine damals fast einmalige Sache: Eine klausurierte Nonne, unter dem Gebot der Ortsbeständigkeit stehend, zieht umher, um zu predigen. Das taten sonst höchstens Angehörige von ketzerischen Sekten. Hildegard reiste und sprach freilich nicht ohne Zustimmung der kirchlichen Hierarchie und nachdem ihr Beichtvater Volmar und der Abt Kuno ihre Schriften geprüft hatten, dann auch Erzbischof Heinrich von Mainz. Als Papst Eugen III. 1147 in Begleitung des Zisterzienserabtes Bernhard von Clairvaux in Zusammenhang mit den Vorbereitungen zum Zweiten Kreuzzug nach Trier kam, unterbreitete man der Autorität des Heiligen Vaters das erste visionäre Werk der Benediktinerin, das Buch *Scivias*. Die Prüfung kam zu einem positiven Ergebnis, und Eugen selbst las der versammelten Geistlichkeit Teile daraus vor – berichtet wenigstens ihre Lebensbeschreibung, die allerdings einigermaßen zu positiven Übertreibungen neigt. Angeblich soll sich Bernhard, damals die markanteste spirituelle Gestalt in der lateinischen Kirche, von dem es einen zwar zustimmenden, aber leicht distanzierten Brief an Hildegard gibt, besonders für die päpstliche Bestätigung eingesetzt haben. Er antwortete der Seherin knapp auf ihr in ungewöhnlich demütigem Stil gehaltenes Schreiben und warnte sie vor allem vor Stolz. «Und wo es ohnehin schon innere Belehrung und lehrende Salbung [des Hl. Geistes] über alles gibt, was können wir da noch lehren oder mahnen?», bemerkte er fast ironisch. Jedenfalls hat Hildegard es später bei der Anlage einer Zusammenstellung der Briefe, welche sie verschickt oder bekommen hatte, für nötig gehalten, noch einige freundliche Sätze in den Brief des Abtes hineinzufälschen, die sich im Original nicht finden.

Seit der Anerkennung ihrer Sehergabe durch die höchste kirchliche Autorität auf Erden war Hildegard erlaubt, was keiner Frau sonst erlaubt war: Sie konnte ohne Kritik den von der ausschließlich männlichen Hierarchie der *Catholica* stets genauestens kontrollierten Befehl des hl. Paulus: «In der Kirche schweige die Frau» übersehen und öffentlich predigen. Um 1160 zog sie über Mainz und Würzburg bis Bamberg, kam nach Trier und Metz, ein paar Jahre später nach Köln, Werden und vielleicht Lüttich. 1170/71 predigt sie u.a. in den schwäbischen Klöstern Maulbronn, Hirsau, Zwiefalten. Es kann nicht bezweifelt werden, daß sie selbst davon überzeugt war, nichts anderes als Gottes Sprachrohr zu sein. Von ihren Zeitgenossen glaubten offenbar die meisten ebenso daran, sie verkünde wie die Propheten und Prophetinnen des Alten Testaments Gottes Wort: Dies war die Basis für ihr öffentliches

Auftreten. Die heute übliche Erklärung, bei solchen Visionen und Einsprachen handle es sich nur um innerseelische Vorgänge, denen keine äußere Wirklichkeit entspräche, war im 12. Jahrhundert nicht ganz unbekannt, wurde aber nur von wenigen vertreten. In der jeweils zeittypischen Dominanz des einen oder des anderen Erklärungsmodells liegt der mentalitätsgeschichtliche Unterschied zwischen dem hohen Mittelalter und der Gegenwart.

Hildegard war eine Frau von beeindruckender Willensstärke, die u.a. die Verlegung ihres Kloster auf den Rupertsberg gegen den Willen ihres Abtes durchsetzte, oder bei anderer Gelegenheit lieber die Gefahr des Kirchenbanns auf sich nahm, ehe nachzugeben. Sie berief sich dabei nie auf eigene Einsicht, sondern setzte stets Formulierungen wie: «... nicht mit meinen Worten, sondern mit denen des wahren Lichtes, das niemals versagt» vor ihre Botschaften. Ihre vielfältigen Begabungen und ihre (von ihr selbst freilich abgestrittene) Bildung zeigen sich darin, daß sie neben ihren Visionswerken u.a. noch Hymnen (Text und Musik), zwei Heiligenleben, einen Kommentar zu den Evangelien und einen zum Glaubensbekenntnis, naturwissenschaftliche Werke, ein symbolisches Schauspiel sowie eine Geheimsprache mit eigenen Schriftzeichen veröffentlichte. Ihr Briefcorpus enthält um die 390 Schreiben, oft Mitteilungen ihrer Schauungen zu bestimmten kirchenpolitischen Problemen. Darin wendet sie sich genauso an die höchsten irdischen Machthaber, den Papst, den Kaiser, an Könige und Fürsten, Erzbischöfe und Bischöfe, Äbte, Mönche und Nonnen wie an das laikale Kirchenvolk. Nach Kaiser Friedrich Barbarossas Wunsch kam es mit diesem auch zu einer persönlichen Aussprache in der Pfalz Ingelheim, wo sie dem Herrscher etwas prophezeite, was auch wirklich eintraf (später griff ihn Hildegard heftig, wenn auch ohne direkte Namensnennung, wegen der Aufstellung eines Gegenpapstes an).

Hildegard empfing ihre Offenbarungen zum großen Teil nicht, wie so viele Mystikerinnen das weiteren Mittelalters und der Neuzeit, in einer Ekstase, also während eines tranceähnlichen Zustands, bei dem die äußeren Sinneswahrnehmungen suspendiert sind, und auch nicht im Traum, sondern bei klarem Bewusstsein. Das sagt sie z.B. im Vorwort zum *Buch der Gotteswerke* ganz ausführlich und dezidiert, darauf legt sie selbst besonderen Wert. Damit sollte jeder Kritik vorgebaut werden, es sei Selbsttäuschung oder Krankheit im Spiel. Es handelt sich um großartige, stark allegorische Schauungen, die teilweise nach Hildegards Angaben in den Handschriften mit eindrucksvollen Illuminationen versehen wurden. Diese Offenbarungen liegen allerdings nicht in der Form vor, in der sie die Seherin zuerst schaute, sondern wurden von ihr in der Meditation vieler Jahren durchkomponiert und systematisiert, wobei sie ihr ungenügendes Latein von einem Mönch verbessern ließ.

Die großen prophetischen Werke, die so entstanden, beginnen mit dem *Liber Scivias (Wisse die Wege!)*, niedergeschrieben zwischen 1141 und 1151, eine kosmologische Deutung der Heilsgeschichte. Unmittelbar danach folgten ihre medizinischen Werke, *Physica* und *Causae et curae (Krankheitsgründe und Heilmittel)*, beide wohl 1158 abgeschlossen. Doch sind diese beiden Werke in den erhaltenen Handschriften so mit Zusätzen und Kürzungen verändert worden, dass man sich oft nicht sicher sein kann, welche Aussagen von Hildegard selbst stammen. 1158/63 schrieb oder diktierte sie den *Liber vitae meritorum*, das Buch von den Lebensverdiensten, das die Sittenlehre behandelt. Es stellt die Figur eines Mannes in den Mittelpunkt, er reicht vom Gipfel des Äthers bis zu den Tiefen des Abgrundes: Gott in der Gestalt des Kosmos. In ihm spiegelt sich der Stufenbau des Kosmos genauso wie die menschliche Heilsgeschichte. *De operatione Dei* oder *Liber divinorum operum*, das Buch über Gottes Wirken in den Naturgeheimnissen und über die Stellung des Menschen in der Schöpfung, entstand als letztes Werk in den Jahren 1163 bis 1174. Nicht genau zeitlich festzulegen ist die Sammlung religiöser Poesie, *Symphonia harmoniae celestium revelationum (Zusammenklang der Harmonie himmlischer Offenbarungen)*, zu der auch der *Ordo virtutum*, das kurze Schauspiel von den personifizierten Tugenden, gehört.

Hildegard selbst sah sich eindeutig als Prophetin, wie ihre Bücher und Briefe bezeugen. Heute mag man sie vielleicht auch als Theologin bezeichnen, die der vorscholastischen Weltdeutung des Symbolismus verpflichtet war, für den alles Existierende einen zu erforschenden religiösen Sinn enthielt. Theologinnen gab und durfte es damals offiziell nicht geben, und so war die visionäre Form, in der die Benediktinerin Kirche und Welt belehrte, die einzige, in der eine Frau damals Theologie betreiben konnte. Dies heißt keineswegs, daß ihre Schauungen nicht auf tatsächliche Erlebnisse in der von ihr beschriebenen Art zurückgehen dürften; aber allein ihre eigene Mitteilung zum *Scivias*: «Nur mit Mühe brachte ich in zehn Jahren dieses Werk zustande und vollendete es», verweist darauf, daß es sich beim vorliegenden Text nicht um eine unmittelbare Visionsaufzeichnung handelt, sondern um das Ergebnis einer lange dauernden Bearbeitung, Reflexion und Neuformulierung des Geschauten.

Charakteristisch für Hildegard ist, daß sie sich, anders als die späteren Mystikerinnen, selbst nicht in diese Schauungen einbringt: Sie gibt ‹objektiv› wieder, was ihr der Herr zeigt und sagt. «Jede Schau beginnt mit: Ich. Aber dieses Ich ist wie eine Tür, durch die ein anderer hereintritt. Wenn Er da ist, weiß man von der Tür nichts mehr.» (M. Böckler) Ihr Stil ist wie bei allen Autoren der Zeit zutiefst von der Vulgata, der lateinischen Bibel, geprägt, er ist schwergewichtig, feierlich, beeindruckt und drückt nieder. Denn auch Hildegard ist bedrückt von der Fülle der Gesichte: «Wie Asche und Aschenkot bin ich vor mir im tiefen Grunde meiner Seele und wie verwehender Staub. Zitternd verweile ich im Schatten wie unter schützenden Flügeln. Vertilg mich nicht als einen Fremdling aus dem Lande der Lebendigen! Denn schwer mühe ich mich ab mit dieser Schau …»

Was Hildegard bewegte, waren verschiedenste Themen der Glaubenslehre und der Moral, waren aktuelle Kirchenpolitik und symbolische Naturinterpretation, war Gotteslob und Heiligenverehrung. Nur am Rande, das muß angesichts der zahlreichen Fehlinformationen gesagt werden, die über dieses Thema kursieren, kommt Hildegard auf Fragen des Verhältnisses der Geschlechter zu sprechen. Diese sind, wie für alle anderen gläubigen Katholikinnen des Mittelalters (mit extrem wenigen Ausnahmen wie der Dichterin Christine de Pizan [1364-1429]), auch für die Rupertsberger Nonne keinesfalls von genügender Wichtigkeit, daß sie sich etwa in einem eigenen Werk oder auch nur einem längeren Abschnitt ihrer Bücher damit besonders auseinandergesetzt hätte. Vielmehr hat sie die von der patriarchalischen Gesellschaft ihrer Zeit gelebte und von der Kirche gepredigte Überordnung des Mannes über die Frau und deren Unwürdigkeit zum Priesteramt wiederholt und ausdrücklich selbst gelehrt und das Wort «fraulich» («muliebre») regelmäßig in pejorativem Sinn («verweichlicht, schwächlich») gebraucht. Auch ihre (traditionellen) Vergleiche des Mannes mit der Seele und des Leibes mit der Frau bringen klar eine Hierarchie zum Ausdruck, ebenso wie die Zuordnung der Menschheit Christi zur Frau, seiner Gottheit aber zum Mann. Allerdings schreibt sie den Funktionen der Geschlechter im Heilsplan gleiche Wichtigkeit zu, hierin durchaus noch positiver als die bald allein maßgebliche katholische Dogmatik nach den Grundsätzen des heiligen Thomas von Aquin. Auch die Idee einer weiblichen Solidargemeinschaft («Schwesternschaft») war Hildegard wie ihren Zeitgenossinnen völlig fremd, nicht «Gender» bestimmte ihr Gesellschaftsbild, sondern Zugehörigkeit zum Adel oder Position in der kirchlichen Hierarchie. Ihr Kloster war, wie die meisten Benediktinerinnenabteien, ein Adelskloster, und sie fand die Aufnahme von Frauen verschiedener sozialer Herkunft in einem Konvent vergleichbar nur dem Zusammensperren von Ochsen, Eseln, Schafen und Böcken in einem Stall (*Epistula* 52R). Es ist schlichtweg nicht möglich, die sozialen Ideale von heute auf eine Frau des 12. Jahrhunderts zurückzuprojizieren, und sei es eine Hildegard von Bingen.

II

Hildegard hat kein eigenes Werk über die Liebe verfaßt, ein Thema, mit dem sich im 12. Jahrhundert viele monastische Autoren beschäftigten, etwa der Zisterzienserabt Bernhard von Clairvaux in seinem Kommentar zum Hohenlied oder der Augustinerprior Richard von St. Viktor zu Paris in seinen Traktaten über Liebe zwischen den drei göttlichen Personen oder die vier Stufen der Liebe. Liebe ist auch kein Zentralbegriff ihrer visionären Theologie wie etwa «viriditas», die göttliche Grünkraft. Obschon Hildegard doch einen so verehrungsvollen Brief an Bernhard geschrieben hatte, zeigt sie sich von dessen innovativer Liebesmystik völlig unbeeinflußt. Vielmehr gebraucht sie «caritas» und «amor», zwei nuancierte Begriffe, die im Deutschen unglücklicherweise in dem einen Wort «Liebe» zusammenfallen, des öfteren im Sinne der älteren Theologie als die Hinneigung zu einem als gut Erkannten, die durchaus willentlich zustande zu bringen ist. Es handelt sich bei ihr also nicht vorrangig um eine ekstatische Begeisterung des Gemüts, sondern um die wesenhafte Güte Gottes zu seiner Schöpfung einerseits, die pflichtgemäße Hingabe der Geschöpfe an ihren Vater andererseits. Nur eine solche Liebe kann anbefohlen werden, wie mehrfach in der Bibel. Unser heutiger Begriff «Liebe» besitzt dagegen eine (damals im religiösen Bereich erst beginnende) Konnotation von Spontaneität, Emotionalität und Erotik. Davon ist bei Hildegard noch wenig zu spüren. Beeindruckend ist die Liebe des kosmischen Schöpfers am Beginn der Zeiten, beeindruckend die des Erlösers am Anfang der Heilszeit, Manifestationen aber vielleicht mehr göttlichen Wollens als Fühlens. Hildegards Diskurs über die Liebe erscheint am häufigsten als Diskurs über das Erhabene – das Erhabene der Gottheit und das Erhabene im Menschen. Dort, wo Hildegard, wie in dem Brief an die Wechterswinkler Nonnen (oben S. 68), die Figuren der alttestamentlichen Liebesdichtung, des Hohenliedes, verwendet, bedient sie sich freilich der brautmystischen Terminologie. Diese Form der Liebe ist freilich den Keuschen vorbehalten, sei es den Jungfrauen oder den Witwen (S. 59). Bilder der Brautmystik wendet Hildegard aber nicht auf sich selbst an, wie die späteren Mystikerinnen und Mystiker. Erst im 13. Jahrhundert sollte das durch Dichterinnen wie Mechthild von Magdeburg oder Hadewijch geschehen. Die Rupertsberger Meisterin beschreibt noch nicht die persönliche Liebesbeziehung zwischen Christus und der minnenden Seele (wie Bernhard), nicht das Phänomen der Unio mystica, des liebenden Verschmelzens von Ich und

Gottheit, die als Kern jeder christlichen Mystik gilt, wie sie dann im 16. Jahrhundert für die *Catholica* geradezu normhaft die Karmeliter Teresa und Juan von Avila beschreiben sollten. So erscheint, was Hildegard über die Liebe formuliert, vor dem Hintergrund der mentalitätsgeschichtlichen Entwicklung eher zurückgewandt als progressiv – ganz im Gegensatz zu Bernhard oder Abaelard oder dem in ihrer Zeit einsetzenden profanen Minnesang.

Eine Eigenheit der Hildegardschen Schauungen ist das Überwiegen symbolischer Bilder von kosmischem Format. Sie unterscheiden sich damit von der sonstigen Visionsliteratur ihrer Epoche, der es vor allem um detaillierte Berichte aus den jenseitigen Reichen ging. Dieser allegorische Kosmos ist von personifizierten Abstracta bewohnt, von Tugenden und Lastern, die ihr Tun oft selbst in feierlichen Reden beschreiben. Unter ihnen auch die Liebe (S. 23). Diese schaut Hildegard keineswegs deshalb in Gestalt einer Frau, weil sie damit dieses Geschlecht hätte besonders auszeichnen wollen, sondern weil das lateinische Wort «caritas» grammatikalisch weiblichen Geschlechts ist. Dies trifft ja ebenso für fast alle anderen in dieser Sprache vorkommenden Personifikationen zu: Auch die Unkeuschheit und die sonstigen Laster erscheinen Hildegard als Frauen! Seelenkräfte in solcher Weise als Personen auftreten zu lassen, ist uns fremd geworden, aber für die Spätantike und das ganze Mittelalter war dies die Darstellungsweise der Wahl, wenn es darum ging, von dem zu sprechen, was wir heute als psychische Empfindungen, Motive, Bewegungen bezeichnen würden.

Da die Texte Hildegards komplexe und oft wohlüberlegte Kompositionen darstellen, bedeutet es ein Risiko, Stellen zu einem bestimmten Thema wie der Liebe aus ihnen zu isolieren. Ihre ehrfurchtgebietende Schönheit wirkt auch so auf uns, und vielleicht sogar mit größerer Intensität, aber will man die Bedeutung kennenlernen, die «amor» und «caritas» im Weltbild der Seherin besaßen, ist man eingeladen, sich die Struktur des jeweiligen Werks zu vergegenwärtigen und den gesamten Abschnitt zu lesen, in dem die Liebe stets als eine Figur unter anderen auftritt.

An den Schluß sei daher noch ein *Caveat* gesetzt: Die oben gebotene Auswahl konzentriert sich ganz auf das genannte Thema, und somit beleuchtet sie nur einen, und einen relativ kleinen Aspekt der Vorstellungs- und Denkwelt der Seherin vom Rupertsberg. Es sollte jedoch nicht übersehen werden – wie dies so oft geschieht –, daß die Schriften Hildegards keineswegs nur von liebreicher Erbaulichkeit geprägt sind. In ihr existierte durchaus auch jene Seite der alttestamentlichen Propheten, die rache-glühend den Zorn Gottes auf Mit- und Nachwelt herabrufen. Es genüge, z.B. die schrecklichen Beschreibungen der Strafen in der Unterwelt zu erwähnen, die viele Seiten des Buches der Lebensverdienste füllen. Und noch eine andere Seite dieser ungewöhnlich vielfältig begabten Frau kommt in unserer Auswahl verständlicherweise nur knapp zur Sprache: Ihr Interesse für die Natur, für die menschliche Physiologie, für Tiere, Pflanzen und Mineralien sowie deren Einsatz in der Medizin. Freilich, und hier zeigt sich die Seherin wieder als Vertreterin des Symbolismus, weist für sie die ganze Natur vielfach auf die Gottheit hin und existiert keineswegs um ihrer selbst willen. In diesem Sinne gibt es auch Liebe nicht als ein für sich bestehendes Menschliches, sondern nur als eine Manifestation Gottes und eine auf diese antwortende Haltung des Menschen.

Literaturhinweise

Die Hildegard-Literatur ist mit dem Aufblühen der Frauenforschung in den letzten Jahrzehnten und in Verbindung mit der Feier ihres 900. Geburtstages 1998 fast ins Unzählbare gestiegen, wobei neben den deutschsprachigen Publikationen besonders in Amerika zahllose Bücher, Aufsätze und sogar Spezialzeitschriften erschienen sind. Hier soll nur auf einige wenige deutschsprachige Bücher verwiesen werden, die auch weitere bibliographische Angaben enthalten.

Über Hildegards *Epoche*, das hohe Mittelalter (ca. 1050-1250), liegen kompetente allgemeine Darstellungen vor: Als *Handbuch zur deutschen Geschichte* konzipiert ist Alfred Haverkamp, *Zwölftes Jahrhundert*, Klett-Cotta, Stuttgart 2003; zahlreiche zeitgenössische Textzitate und Abbildungen enthält Peter Dinzelbacher, *Europa im Hochmittelalter 1050–1250. Eine Kultur- und Mentalitätsgeschichte,* Primus Verlag, Darmstadt 2003. Speziell zur Frömmigkeitsgeschichte ist als Einführung Ernst Werner, Martin

Erbstößer, *Ketzer und Heilige. Das religiöse Leben im Hochmittelalter*, Union Verlag, Berlin 1986 nützlich, als detailliertere Darstellung Peter Dinzelbacher, *Handbuch der Religionsgeschichte im deutschsprachigen Raum II: Hoch- und Spätmittelalter*, Schöningh Verlag, Paderborn 2000.

Wer sich der historischen Persönlichkeit der Benediktinerin zuwenden will, kann auf viele kurze Einführungen zurückgreifen, für die freilich das eingangs Gesagte gilt. Genannt seien etwa Heinrich Schipperges, *Hildegard von Bingen*, Verlag C. H. Beck, München 3. Aufl. 1997, und Michaela Diers, *Hildegard von Bingen*, dtv, München 1998. Noch während ihrer Lebenszeit entstand ihre Heiligenvita – somit die ihr zeitlich am nächsten liegende erzählende Quelle, natürlich ganz zur Verkündigung ihres Ruhmes geschrieben: *Das Leben der hl. Hildegard von Bingen*, übers. v. Aldegundis Führkötter, Otto Müller Verlag, Salzburg 2. Aufl. 1980 u. ö.; dass. hg. v. Monika Klaes, Herder, Freiburg 1998. Für eine seriöse Beschäftigung als Basis unerläßlich ist: *Hildegard von Bingen. Internationale wissenschaftliche Bibliographie*, hg. v. Marc-Aeilko Aris u. a., Ges. f. mittelrheinische Kirchengeschichte, Mainz 1998 (enthält über 3000 Titel, was jedem/jeder zu denken geben sollte, der/die meint, etwas Neues über Hildegard sagen zu können). Einige heute verbreitete Fehlinterpretationen sind richtiggestellt von Christian Sperber, *Hildegard von Bingen – eine widerständige Frau*, Schwarten Verlag, Aichach 2003. Was die oben gegebene Skizze von Hildegards Leben betrifft, folge ich streckenweise Peter Dinzelbacher, *Christliche Mystik im Abendland*,

Schöningh, Paderborn 1994, wo auch die Zitate nachgewiesen sind.

Die Stellung Hildegards innerhalb der Geschichte der Liebe – ein zentrales Thema der Mentalitätsgeschichte – scheint allerdings noch nicht in einer Monographie thematisiert worden zu sein, anders als ihre schon des öfteren erörterte medizinisch-theologische Sexualkunde. Auch steht eine befriedigende Geschichte der Liebe im Mittelalter im Augenblick noch aus, wiewohl spezielle Aspekte, so die höfische Minne oder die Homosexualität, seit langem sehr genau erforscht wurden. Zusammenfassungen mit Literaturhinweisen bietet Peter Dinzelbacher, Liebe: In: *Lexikon des Mittelalters IX/5*, 1991, Sp. 1965-1968 und Ders., Sexualität und Liebe/Mittelalter, In: *Europäische Mentalitätsgeschichte*, hg. v. Peter Dinzelbacher, Kröner Verlag, Stuttgart 1993, S. 70-89.